鄔慶時　著
胡文輝　點校

嶺南史料筆記叢刊

南村草堂筆記（外四種）

廣東人民出版社

·廣州·

圖書在版編目（CIP）數據

南村草堂筆記：外四種／鄔慶時著；胡文輝點校. —廣州：廣東人民出版社，2023.12

（嶺南史料筆記叢刊）

ISBN 978-7-218-17112-8

Ⅰ. ①南… Ⅱ. ①鄔… ②胡… Ⅲ. ①筆記—中國—現代 Ⅳ. ①K260.066

中國國家版本館 CIP 數據核字（2023）第 229182 號

Nancun Caotang Biji（Waisizhong）

南村草堂筆記（外四種）

鄔慶時 著 胡文輝 點校 　　版權所有 翻印必究

出 版 人：肖風華

叢書策劃：夏素玲
責任編輯：謝 尚
責任技編：吳彥斌 周星奎
封面題字：戴新偉
封面設計：Amber Design 琥珀視覺

出版發行：廣東人民出版社
地　　址：廣州市越秀區大沙頭四馬路 10 號（郵政編碼：510199）
電　　話：（020）85716809（總編室）
傳　　真：（020）83289585
網　　址：http://www.gdpph.com
印　　刷：恒美印務（廣州）有限公司
開　　本：889mm×1194mm　1/32
印　　張：9　字　數：171.2 千
版　　次：2023 年 12 月第 1 版
印　　次：2023 年 12 月第 1 次印刷
定　　價：88.00 元

如發現印裝質量問題，影響閱讀，請與出版社（020-85716849）聯繫調換。
售書熱綫：（020）87716172

《嶺南史料筆記叢刊》凡例

一、"嶺南史料筆記"是與嶺南這一特定區域有關的筆記體著作,隨筆記錄、不拘體例,是了解和研究嶺南地區歷史文化的珍貴資料,能補史之闕、糾史之偏、正史之訛。

二、《嶺南史料筆記叢刊》(以下簡稱《叢刊》)收錄之"嶺南史料筆記",包括歷史瑣聞類、民俗風物類、搜奇志異類、典章制度類,不收今人稱爲小説的單篇傳奇及傳奇集,包含嶺南籍人所撰史料筆記及描寫嶺南地域之史料筆記。

三、筆記創作時間以 1912 年以前爲主,兼收民國時期有價值的作品。

四、《叢刊》採用繁體橫排的形式排版印刷。

五、整理方式以點校爲主,可作簡要注釋。

六、整理用字,凡涉及地名、人名、術語等專有名詞之俗字、生僻字,儘量改爲常見的繁體字;對一字異體也儘可能加以統一。每種圖書在不與叢書用字總則衝突的情況下，可根據實際情況而定。

七、凡脱、衍、訛、倒確有實據者，均作校勘，以注腳形式出校記。未有確據者，則數説並存；脱字未確者，以□代之。

八、《叢刊》避免濫注而務簡要，凡涉及嶺南地域特色之風物，可以注腳形式下注；爲外地人士所不明者，酌加注釋。

九、《叢刊》暫定收録一百多種，分爲若干册，每個品種單獨成册，體量小者可酌情結合成册。每册均有前言，介紹撰者、交代版本、評述筆記内容和價值；書後可附撰者傳記、年譜、軼事輯録、索引，及相關文獻資料。

南村草堂筆記自序

戌年之冬，余築南村草堂成，適邑中修志，詢及芻蕘，余不文，且年少寡交遊，於司掌故聞見絕少，安敢置一辭，顧以改造方得讀音嬬故，重墟亟拆土物鮮愛，今所習見之風俗方言山川物產，恐不轉瞬將儕於怪物，詫為異聞，嗚呼世變至此，進化歟退化歟，余不敢知，然不知原來情狀，無以知其為進為退也，是不可以不記焉，就所知拉雜記錄，固其情狀寥為四篇，顏曰南村草堂筆記，所記皆番禺之風土，而不曰番禺風土記者，蓋是書原以備番禺續志之採擇，僅對於番禺縣志或增補之或訂正之而已，不完不備固不足以言著書也。

中華民國九年冬，至日鄔慶時識於北京番禺新館。

《南村草堂筆記》書影

聽雨樓隨筆自序

余少好為文，近年來辜於人事，不彈此調久矣。興之所至，間亦

為筆記一二則，或記所愛之時，或記所愛之地，或記所愛之人，

或記所愛之物，搖筆即來，不假思索，既無宗旨，亦無條理。稿脫

輒投諸七十二行商報版出後剪而存之，心之所愛，情不能忘。

暑事增刪，遂災梨棗。顏曰聽雨樓隨筆，都四卷。聽雨樓在廣州

市青雲直街，余自壬戌正月由鄉遷此，初名白桃花館，甲子改

建井改今名。是編之作多在此間，然亦不記某條在改建前某

條在改建後矣。拉雜書之，復拉雜存之云爾。中華民國十六年

花朝臞庵時識於中山大學。

《聽雨樓隨筆》書影

窮忙小記自序

余自十一年三月入財政部供職，至十五年五月出部，五年之中所見所聞不乏可記之史料，每欲為詳細之記述，牽於人事，未克成書久而久之亦漸遺忘矣，近閱《春風堂隨筆》感窮忙之語，撫今思昔，不能以已，爰就所記畧述一二。稿既脫，因顏曰窮忙小記。今者北伐成功，全國統一，國民政府財政部由粵而漢，由漢而甯，酒細羊肥，蔚為大部，顧此窮忙時代正如英雄未遇之時，令人不能忘尤令人不敢忘，是編之作，固不徒記往而已也。中華民國十七年中秋番禺鄔慶時序於西湖舟中。

《窮忙小記》書影

東齋雜誌自序

東齋雜誌一卷余紀念時敏學堂之所爲作也時敏開學在光
緒戊戌至今戊辰恰三十週年同人賃舟海珠舉行紀念
余於此際回首當年不覺百感交集酒後耳熱舊事重提揮筆
疾書成此雜誌所誌自余一身之夢痕以至世界之文化其間
遷流遞事雖魚龍曼衍變幻百出要皆不離乎時敏者近是余
初入時敏實寓東齋東齋亦一可紀念者也因以名吾書吾成
余攜重九兒到杭州遇迂千仞先生於西湖先生贈余詩云耕
雲偉集拜家傳嵌浦匆逢一瞬十年我愧居貞福橋矯君仍進德
日乾乾清淡人對空明東舊夢痕追戊戌前那不老身诗廢物
誇看雜鳳又關卿目註時敏學室開游在戊戌改變以前粵省
辈校此爲獨早教育界中向有戊戌前學校之尊稱君來述及

《東齋雜誌》書影

白桃花館雜憶自序

癸亥五月二十一日四女灼顏殤於廣州市青雲直街白桃花
館館即今聽雨樓也爾時一破屋耳余愛其便移家焉翌年而
灼顏殤余既誌其墓後有所憶輒筆記之題曰白桃花館雜
憶今白桃花館既已改建而灼顏之墓亦因開闢馬路而遷葬
於太和岡回首當年都成陳迹馬子薪兄贈余詩云聆君憶語
意如何況復秋來感慨多策策西風入窗牖那堪重讀蝶兒歌
至是而不堪重讀者固不僅蝶兒歌而已然雖不堪重讀蝶兒歌
一重讀灼顏輒於余心目中報以一笑余又安能已耶既不自
已因弇梓之灼顏有知其將永永含笑於九原也中華民國十
四年清明日鄒慶時識於廣州市聽雨樓

《白桃花館雜憶》書影

目　録

前　言

我最早是因偶然買到一册臺灣影印的筆記，才知道鄔慶時其名的。

這册筆記包括他所撰《窮忙小記》、《南村草堂筆記》、《聽雨樓隨筆》三種，係臺灣廣文書局 1976 年影印版，書前署"本書承國立中央研究院惠借影印書稿謹此致謝"，看起來原書應不多見。

但儘管翻讀過其書，實際上仍未特別留意其人。大約很久之後，才發現他年輩不高，並不是受了清朝餘蔭的老輩，甚至也不是渡海赴臺的流亡者。不論在時間上，抑或在空間上，原來他都是離我們很接近的人物。

鄔慶時的生平及其著作，以 1949 年爲界，截然分爲兩期。

鄔慶時，1882 年（光緒八年）生，字伯健，號楷才、白堅，廣州番禺縣南村鄉人。少年時代曾就讀時敏學堂、兩廣方言學堂，20世紀20年代在國民黨政府財政部門工作，曾兼任中山大學庶務主任及講師，廣州淪陷後曾任僞政府秘書及市財政局局長。這是他的早年經歷（以上據其子鄔祥光、其孫鄔敏穗合撰的《鄔慶時生平記述》，《番禺文史資料》第5期，政協番禺縣委員會文史資料研究委員會1987年編印）。

這一時期，他最有影響的工作是地方史志方面，早年參與編纂《番禺縣續志》、《桂平縣志》，後主持編纂《寶安縣志》、《龍門縣志》、《高要縣志》、《中山縣志》、《新興縣志》、《茂名縣志》、《河源縣志》，此外還主編了《廣州年鑒》（見鄔慶時《方志序例·自序》，商務印書館民國二十九年版；《鄔慶時生平記述》）。此外，他私人編印了《半氍樓叢書》、《白堅堂叢書》、《鄔家初集》，又編輯過《兩廣方言學校同學錄》，還與屈向邦合編《廣東詩匯》一百五十卷（據駱偉編著《嶺南文獻綜錄》廣東人民出版社2016年版）。這是屬於“爲人之學”方面的。

在個人撰述方面，以雜記爲多，也有專著、詩文，各體皆備。據其《半氍樓叢書》，除去若干家族先輩及其老師的著作，他個人的撰述有：《經學導言》一卷、《白鵝洲小志》一卷、《九峰采蘭記》一卷、《鼎樓詩草》二卷、《番禺隱語解》一卷、《東齋雜誌》一卷、《南村草堂筆記》四卷、《窮忙小記》一卷、《番禺末業志》四卷、《聽雨樓隨筆》、《齊家淺説》一卷、《自然略説》四卷、《白桃花館雜憶》一卷、《孝經通論》四卷。共計十四種，不過篇幅多不大。此外還有《方志序例》、《漏邑痛述》、《南山佳話》（參《鄔慶時生平記述》）。這是屬於"爲己之學"方面的。

鄔慶時大約在抗戰結束後避居香港，至 1949 年後返回廣州，曾應中國科學院廣東民族研究所之邀從事資料編輯工作，其餘情況不詳。至 1968 年 1 月，因高血壓、腦血栓病發逝世，享年八十六歲（據《鄔慶時生平記述》）。

鄔氏本無正規的學院派身份，又在國民政府甚至是僞政府做過官，以這樣的履歷，可以想象，在 50 年代之後的境遇是不會太好的。他必然屬於政治上的邊緣人物，以及學術上的失踪者——以前我從未聽説過他的名字，除了我的孤陋寡聞，也算是有客觀因素吧。

鄔氏早年就讀兩廣游學預備科館（後並入兩廣方言學堂）時，與楊永泰、岑仲勉是同學，以後楊氏成爲政界聞人（1936 年遇刺身亡，爲現代政治史上一大迷案），岑氏一度從政，而終成爲名史學家。鄔氏 50 年代有詩贈岑氏云："臨崖勒馬仰陶淵，三徑歸來正妙年。未許名山沉宦海，却從絶地出生天。建安遺範嘉州守，莊子吾心玉局仙。柱下記曾同問禮，望塵深悔不爲先。"並有言："……仲勉獨能於永泰卸任廣東省長之後，臨崖勒馬，折節讀書，永泰任湖北省長時屢邀之亦不顧，而以著述自娛，成爲近世一大歷史學家。……予不能爲政客，又不能爲學者，今巋然獨存，真不堪回首也。"（《近百年廣東異聞録》之七，《廣東文史資料存稿選編》第五卷，廣東人民出版社 2006 年版。已收入本書。）其艷羨之意，自傷之情，是很顯然的。

在時人筆下，也有一點鄔慶時的交游記録。

1957 年 4 月 2 日，鄔氏到北園酒家參加了上巳修禊雅集，與會者有商衍鎏、容庚、李曲齋、黃詠雩、朱庸齋等一衆名士（李文約《朱庸齋先生年譜》，文化出版有限公司 2012 年版，第 83 頁）。

鄔氏早年給梁方仲、梁嘉彬兄弟當過家教，晚年跟梁方仲仍有交往。梁氏遺物裏保存了一封鄔氏 1958 年 1 月給他的信，略云："因整風運動關係，工作至忙，未能奉候……"（《梁方仲遺稿·信札、珍藏書畫、遺墨觀痕》，廣東人民出版社 2019 年版，第 200—201 頁）梁氏1958 年 2 月 19 日有記事："留鄔老師、希白、冼子（玉清）午飯。"（據梁承鄴《無悔是書生：父親梁方仲實録》，中華書局 2016 年版，第 249 頁）又劉節 1956 年 3月 11 日記事："上午與梁方仲同訪楊鴻烈稍坐，知楊鴻烈去北京，又與梁方仲同仿其師鄔慶時，在座看見民國二十五年排印《兩廣方言學校同學録》……"（《劉節日記》，大象出版社 2009 年版，上册第 372 頁）

1960 年，寓居上海的舊官僚名士王義臣有詩《辛丑秋初和廣東鄔慶時伯健韻》（《槐庭娛晚續集》，1960 年油印本，第 69 頁）。可見鄔氏當時曾有詩作寄給他。

據區友雲回憶，1963 年他在陶陶居認識鄔氏，當時不少老詩人都很仰慕鄔的學識，在廣州舊詩界，鄔是閩派詩鐘的代表人物（據龔伯洪《方志學家鄔慶時及其方志理論》，《嶺南史學名家》，中國文史出版社 2008 年版）。

這麼一些偶然留下的側影，顯然是雪泥鴻爪，不足以知人論世的。

幸而，鄔慶時畢竟是個“有心人”，或者説“好事者”，在這種處境下，他還是留下了一定數量的論著。

據説他曾編纂《兩廣少數民族史料》，惜在“文革”期間散佚（據《鄔慶時生平記述》）。

他身後留下的僅有一部專著，是《屈大均年譜》（廣東人民出版社 2006 年版）。這本書，可謂他的“近身之學”。他所在的南村鄉，與屈氏所在的沙亭鄉相去不過十里，而其母又是屈氏的後裔，故他對屈氏事迹留心甚早，遠在 30 年代已有年譜成稿；今所存的是 1963 年改定的第五稿（有岑仲勉 1960 年跋），已融合了汪宗衍《屈翁山先生年譜》的内容，積累之功深湛，内容極爲詳博，可謂其平生在學術上的代表作。原稿保存在梁方仲處，後承梁承鄴先生整理父親遺物時檢出，也可算幸事。

　　此外，就是若干以"文史資料"名義發表的憶述。承責編謝尚幫忙檢索，大約有以下這些：《廣東沙田之一面》（《廣東文史資料》第5輯，政協廣東省委員會文史資料研究委員會1962年編印）；與人合寫的《自梳女與不落家》（《廣東文史資料》第12輯，政協廣東省委員會文史資料研究委員會1964年編印）、《清末廣州三學潮》（《廣東文史資料精編》下編第4卷，中國文史出版社2008年版）、《大本營財務部雜憶》（《回憶孫中山三次在廣東建立政權》，中國文史出版社1986年版）、《近百年廣東異聞錄》（見前）、《"廣州起義"見聞》（《廣州文史資料存稿選編》第1輯軍政類，中國文史出版社2008年版）、《日本投降時廣東汪僞的活動》（《廣東文史資料精編》下編第2卷）、《陳耀祖逸事》（《廣州文史資料存稿選編》第2輯軍政）、《李承翼與宋子文》（《廣州文史資料存稿選編》第8輯經濟類）。

　　鄔慶時以編纂地方史志聞名，但觀其個人著述，可歸入廣義的文史學家、掌故學家之列。本書收入他的筆記《南村草堂筆記》、《聽雨樓隨筆》、《窮忙小記》、《東齋雜誌》四種。這些筆記，相對更體現出他作爲掌故家的一面。以下分別略作簡介，舉例若干，或長或短，以見一斑。

　　第一種《南村草堂筆記》共四卷，各題爲"番禺之風俗"、"番禺之方言"、"番禺之山川"、"番禺之物產"，由篇目即可知，其内容是有關番禺風物的。其自序云："戊午之冬，余築南村草堂成。適邑中修志，詢及芻蕘，余不文，且年少寡交游，於司捕掌故聞見絶少，安敢置一辭？顧以改造方倡，讀音擬改，重城並拆，土物鮮愛。今所習見之風俗、方言、山川、特產，恐不轉瞬將儕於怪物，詫爲異聞。……所記皆番禺之風土，而不曰番禺風土記者，蓋是書原以備《番禺續志》之採擇，僅對於《番禺縣志》或增補之或訂正之而已。"是此編可視爲鄔氏參與編纂《番禺縣續志》的外圍作品。事實上，他後來執筆的《番禺縣續志》卷十二實業志之漁業、畜牧、工商業、礦業部分（又單獨刊行爲《番禺末業志》），即屢引這本《南村草堂筆記》以及《聽雨樓隨筆》，故他自稱"是書原以備《番禺續志》之採擇"，確是不錯的。

需要説明一下，清末以前，南海、番禺兩縣在行政上皆屬於廣州的"附郭縣邑"，這意味着什麽呢？並不是南海、番禺由廣州市分管，倒是相反，是廣州城區由南海、番禺兩縣分管，城西歸南海，城東歸番禺。故當時所謂"番禺"，實等於半個廣州及其郊縣，《番禺縣續志》也即半部廣州志，而這本《南村草堂筆記》所述的"番禺之風土"，也多是"廣州之風土"。這是讀此書要特別注意的。

關於清末廣州城内的行政區劃，有一個特殊而複雜的"捕屬"概念，因外來移民的户籍多歸入"捕屬"，故而"捕屬"名流輩出，影響甚大。鄔氏就談到有關"捕屬"的社會風氣。其卷一有云："科舉未廢以前，歲科試入學者，捕屬恒占十之八九，司屬僅十之一二耳。鄉人得入學者甚難，故獎勉入學者甚至。於其回家也，凡族中父老皆肅衣冠出村迎接，簪以花，飲以酒，鼓樂前導，備極歡迎。兄弟戚友悉來拜賀。此後則領雙胙，食書田，稱鄉紳，主鄉事。若窮鄉小族，不啻南面王矣。……而一邑文風皆讓諸捕屬矣。"又卷二云："捕屬與司屬語音大略相同，而微有特異之處。……一聞其聲，即知其屬。或謂捕屬人多自外省新來，或泥其音而不能變，或沿其音而不知變，故生如是分別。"可見"捕屬"作爲一個"小社會"的特殊氣候，也可見"捕屬"尚文重學，甚至主導了整個廣州的文教風氣。

鄔氏又注意從諺語裏觀察社會風俗。如卷一云："諺曰：'洋船埋頭，豬乸落寶。'此昔人言發財之機會也。俗謂畜類產子爲'落寶'，每豬一產十二子，於其落寶極爲歡迎，至今猶然。惟洋船抵埗則今非昔比，因而獲利者實無幾人，而彼則輦吾鉅金以去。全國生計皆爲所窘，反成一大漏卮矣。"又云："諺曰：'第一游波羅，第二娶老婆，第三絨綫櫃，第四撜紗籬。'蓋謂獵艷也。……"這種民間話語往往事了無痕，但在社會風俗史立場則甚爲難得。

鄔氏畢竟是一介文人，雖是寫風物，也時可見其趣味。

如卷四有云："木棉樹最高，若其旁先有別樹，不久則高過之。必俟過之，始開枝發葉。不肯居下，其特性也。故一名英雄樹。"又云："切菜，爲蓼溧水出口貨之大宗，每年自十月以至翌年正月，於田間搭蓋茅寮，滿堆蘿蔔，村女百十，列坐其次，切之爲絲，晒於笪上。嶺南無雪，而此時田野間一望皆白，頗有雪趣，亦奇景也。……"寫木棉而標舉其"不肯居下"的特徵，寫切菜而標舉其"一望皆白"的景觀，所見皆在牝牡驪黄之外。

又如："指甲花早上甚香，過午則否。諺云：'朝頭指甲，晚頭屎罈（讀若塔）。'"按："屎罈"即茅坑。"蘭花與瑞香花同植於一處，則蘭、瑞俱萎。故諺曰：'亞蘭契亞瑞，大家鬥（互也）累。'"按"契"，廣州話指上契，即認乾親。這些都是有趣味的花卉物語。

第二種《聽雨樓隨筆》，內容最爲駁雜豐富，風俗和掌故者皆有。其《自序》謂："興之所至，間亦爲筆記一二則，或記所愛之時，或記所愛之地，或記所愛之人，或記所愛之物。搖筆即來，不假思索，即無宗旨，亦無條理。……拉雜書之，復拉雜存之云爾。"不過，筆記的特點本來就是雜，正因爲雜，才選擇筆記這種體裁。故而這本《隨筆》倒是最接近傳統掌故風格的筆記。

其卷一有云：“甲寅六月，余在藝社分咏蟬、吳梅村，有句云：‘偏有殘聲成別調，祇餘遺恨答前朝。’蓋深惡之也。乃更有使其子若弟爲開國功臣，而己則自命爲遺老者，廉恥盡喪，名利兼收。或且慷慨激昂，形諸筆墨，欲並以欺天下後世，而天下後世亦將並受其欺，則又恨不起梅村諸人於九原，而一笑其愚矣。”這是有關政治風氣的。（按：所謂“乃更有使其子若弟爲開國功臣，而己則自命爲遺老者”，很契合汪兆鏞、汪精衛兄弟的情形。不過，鄔氏參與編纂的《番禺縣續志》，汪兆鏞是主纂，而且鄔氏在筆記卷四也尊之爲“汪憬吾丈”，似乎又沒有理由對他破口大罵。存以待考。）

其卷二有云：“俗名有極雅者。江中小魚移植於塘，謂之魚花。以火焙卵，孵化成雛，謂之鷄苗。珠江之南業鷄苗者頗衆，魚花之業則惟南海九江人能之。蓋非富有經驗者不能舉網而得魚也。”這是有關經濟物產的。（按：鄔氏執筆的《番禺縣續志》卷十二實業志之畜牧部分有云：“以火焙卵孵化成雛，謂之鷄苗。鷄苗之業聚於河南，總計不過數家。而廣州之鷄多出於此。故常盈千累萬。”可與此處對照。）

其卷三有云：“吾鄉宴會，例以六人爲一席，惟無賴聚食則或七人，或五人，無六人者。問其緣由，多不能答。或謂《三國志演義》有關公過五關斬六將故事，嫌六將之俱斬，故特避其數云。此與西人之忌十三人同席將毋同。"這是說，江湖中人受《三國演義》影響特深，因關公斬六將事而特別忌諱六這個數字，而一般人則無此忌諱。這是有關民間社會的。

其卷四有云："吾國街名以一二字爲常，鮮有至四五字者。昔在長沙，初見'息息相關'，已歎觀止。及見'平地一聲雷'，不覺合十，讚歎得未曾有。"可見長街名早已有之，"我在××很想你"、"想你的風還是吹到了××"之類不得專美矣。這是有關都市文化的。

鄔氏所受教育在清末的過渡時代，其文化觀念偏於保守，卷四有一則回憶家族先人的孝友之風，而感慨當時世態澆漓，人心不古："……後顧茫茫，余心滋戚矣。屈俊夫母舅曰：'爲"仇孝論"者心目中尚有一孝字，倡白話詩者心目中尚有一詩字，此即不絕之一綫也。其然，豈其然乎?"這裏的"爲'仇孝論'者心目中尚有一孝字"，是針對陳獨秀的；"倡白話詩者心目中尚有一詩字"，則是針對胡適的。因爲當時廣東傳言陳主張"廢德仇孝"，湖南方面更指陳著有《仇孝論》，故屈氏作此語。這是有關思想文化的。（按：鄔氏《孝經通論·自序》有言："迨大義日晦，舉國若狂，家庭之間，遂從此多事矣。然人窮則返本，亂極必思治，他時亂之既平，世之稍定，欲求久安長治，勢必有事於正人心，息邪説，距詖行，放淫辭，而孝治將復爲救時之良藥……是孝治者所以結據亂世之終，亦所以開太平世之始，即主張法治之國，將來亦必有改用孝治之一日。"足見其人對作爲傳統觀念的"孝"異常重視，亦可與此處相印証。）

其卷四有一條提到："梁文忠以貧聞於天下，卧病時，至出其所最愛之蘇題文竹手卷與凌潤苔，質一百元以供醫藥。"梁文忠即梁鼎芬，近世名士、遺老，以守護崇陵（光緒陵墓）著稱；凌潤苔即凌福彭，袁世凱手下紅人、凌淑華之父。"蘇題文竹手卷"即蘇東坡題跋的墨竹圖，若如鄔氏所言，則梁氏曾收藏此名迹，後來轉售給凌福彭。此事似未見其他記録，不知是否可靠，但至少也提供了一條有意思的綫索。這是有關掌故收藏的。（按：據網上搜索，紐約大都會博物館藏東坡"文竹圖手卷"，有項元汴題籤"蘇文忠公墨竹"。）

第三種《窮忙小記》，是專記 20 年代他在財政部供職時的見聞，事涉特種部門的行政問題，似無掌故趣味可言，但這份筆記有個特別之處，是多記録該部官員的詩文酬唱，可見當時官僚階級的文化作風。

有一則記葉恭綽任部長時，職員改在部會共進午餐，此事由秘書盧諤生發起，並作小啟云："唐時入座會食有常，吾輩户曹，寧足倫比。忝念珠之俸，雁尚隨陽；值炊桂之時，烏猶借樹。曉趨郎署，案白如銀；夕下南衙，日長似歲。豈清談之可飽，每爍腹而無悰。既殊待漏中書，可懷蒸餅；尤異拜官員外，已飫花糕。不有午餐，

曷療中餒？爰飾簠簋，用集寅寮。坐位十人，敢擬蜃英
之會；份錢三百，不誇下箸之奢。喜南午之休閒，解東
方之飢渴。粗具畕飯，差勝素餐。奚必米粒青精，比好
顏於工部；倘許食單紫色，卜佳兆於魯公。請署臺銜，
藉供榜七。"這實爲一篇工整的駢文，雖由日常俗事而
起，而用典雅致精切，水準是非常高的。按：《聽雨樓隨
筆》卷三有一則述 1919 年大總統（徐世昌）曾頒發匾額
給鄔氏祖父，並有褒辭云："幽薄白華，束皙有補亡之
作；陵陂青麥，莊生言佈施之難。孝以立身，仁能濟衆。
古聞此語，今見其人。……孔奮在家，獨行爲州閭之冠；
蔡順泣墓，精誠息雷電之威。猶復胞與爲懷，慷慨好施。
築杜陵萬間廣廈，寒士歡顏；置青州四頃腴田，鄉人續
命。具此行誼，允宜褒揚。於戲！子欲養而親弗逮，風
木悲深；富不驕則家自昌，雲礽蔭遠。"這也是一篇高明
的駢文。兩文一出於南方孫中山政府，一出於北洋政府，
可見民國初年（國民政府成立之前），不論南北，官僚的
舊文學根柢皆有可觀，傳統"士大夫政治"的餘韻尚存。

　　第四種《東齋雜誌》，是關於廣州時敏學堂的回憶。
時敏學堂創辦於 1898 年（戊戌政變之前），是近世廣東
第一家新式學校，屬於康梁變法風氣激盪下的產物，雖
至今聲名不顯，但無論在思想史還是教育史上都應有其
地位。作爲當年的學生，鄔氏的追憶無可替代，自然是
相當可貴的。

有一則云："子良先生湛深經術，尤精《春秋》。顧不事家人生產，每有所得，隨手輒盡，而座客常滿。嘗以一日納兩妾，納妾之夜，竟無以爲炊，抑亦不自知也。一時傳爲美談。"子良先生，是當時學堂的老師程子良。此公一天內納了兩個小妾，當時"傳爲美談"者，在今日就是極端的直男癌矣！這當然是女權主義可作標靶的好材料了。

又一則云："陳重遠先生之學英文，半由人授半由自修。時幹南先生授高級英文，區清泉先生授初級英文，先生以初級而兼備高級之書。遇幹南先生上堂，輒執卷旁聽，然不識草字，抄錄粉書幾於每字必問。明年聯捷成進士，又明年留學美國。不數年以英文著《孔門理財學》，得博士而歸。鍥而不舍，有志竟成，余等對之真當愧死。"陳重遠，即陳煥章，原爲萬木草堂弟子，民國初年創辦孔教會，是在近代思想史上留名的人物。這一條關於他早年的軼事自是不易得的。

除了以上四種筆記，特別值得重視的是他晚年撰寫的若干"文史資料"。

沙田（圍墾土田）是珠三角普遍的農業生產現象，在社會經濟史上極爲重要。鄔著《廣東沙田之一面》一篇，以他親身的經驗和調查，詳細介紹了沙田從造作、使用到契約、租稅的種種細節，以及相關現象，大者如產權及其分割制度、宗族與社會關係，小者如鴨阜、禾蟲卓與種蚝及蚝豉、蚝油製作，皆有介紹。

　　"自梳"（不嫁）和"不落家"（不在夫家同居），是珠三角經濟發達地區曾有過的一種女性風俗——可説是舊時代婦女爭取個人自由和權利的一種特殊機制，堪稱"女權主義"的先驅。而《自梳女與不落家》一篇（與陳逷曾、黎思復合撰），也是依據作者的親見親聞（往往來自其關係密切的親屬），很可見當時女性對家族制、父權制作抗爭的勇氣和毅力，同時對相關的社會現象，如"執禾"（救濟"自梳"或"不落家"者的習俗）、"捻妹花"（類似於"揚州瘦馬"的習俗）、"契相知"（女同性戀的習俗）之類，也有涉及。

　　以上兩篇，述事、舉例皆細緻豐富，在經濟史和社會風俗史上價值極高，我以爲是更勝於其筆記的。而且，這兩篇的内容也與《南村草堂筆記》有相通之處。因此，特將之與《大本營財務部雜憶》（可補充《窮忙小記》所述）、《近百年廣東異聞録》兩篇合爲一輯，題曰"鄔慶時談往四種"，録於筆記之後。

　　以上鄔著筆記四種，加上見於"文史資料"的"鄔慶時談往四種"，録爲正文。

　　鄔氏爲《番禺縣續志》所撰家傳兩種，原來分別見於《南村草堂筆記》、《白桃花館雜憶》兩種卷前（此外又單獨刊印爲《齊家淺説》）；又其《白桃花館雜憶》，係懷念亡女之作。以其皆屬於私人性質，與其他文字性質有異，故列爲附錄。

鄔著的工作底本，《南村草堂筆記》、《聽雨樓隨筆》、《窮忙小記》三種，是依據我藏的臺灣影印本；《東齋雜誌》、《白桃花館雜憶》兩種，是承李福標君提供。以上文本皆來自鄔氏自刻本。"談往四種"，是承責編謝尚搜集，出處已見上文。

關於文本的整理，主要的工作是標點。一般人物、事件、制度之類的專名，皆不作注釋，只對個別有關論述主題者，或涉及上下文理解的難點者，擇要略作説明。"談往四種"部分，原標點符號的使用，有些既不合理也不合於今日規範，徑作改訂；明顯的錯字，則加括號於後，附以正字；《近百年廣東異聞録》有兩則內容太長，爲便閱讀，另作分段。

最後，感謝由録入到校對到編輯各個程序的有關工作人員！

南村草堂筆記

番禺鄔慶時伯健著

自　序

戊午之冬，余築南村草堂成。適邑中修志，詢及芻蕘，余不文，且年少寡交游，於司捕掌故聞見絕少，安敢置一辭？顧以改造方倡，讀音擬改，重城並拆，土物鮮愛。今所習見之風俗、方言、山川、特產，恐不轉瞬將儕於怪物，詫爲異聞。嗚呼！世變至此，進化歟？退化歟？余不敢知。然不知原來情狀，無以知其爲進爲退也。是不可以不記。爰就所知拉雜記錄，因其情狀，釐爲四篇，顏曰：南村草堂筆記。所記皆番禺之風土，而不曰番禺風土記者，蓋是書原以備《番禺續志》之採擇，僅對於《番禺縣志》或增補之或訂正之而已。不完不備，固不足以言著書也。

中華民國九年冬至日，鄔慶時識於北京番禺新館

卷一　番禺之風俗

邑人皆讀孔子書，雖婦人孺子無不知有孔夫子也。而祀之者甚少，惟書塾間有之。然亦以文昌魁星爲多，故謂設塾課徒無人就學者爲捲魁星。光宣間盛倡祀孔之説，八月廿七日之爲孔子誕，始稍稍見知於人間矣。然余築南村草堂，奉母親命崇祀孔子，爲香火神，猶有驚爲創見者。

七月廿三日，城鄉男女群到城隍廟拜神，席坐達旦，謂之打地氣。是月廿四日，又往白雲山謁鄭仙祠，謂之游白雲，均以求子爲多。

　　邑人所崇奉之神，以觀音、關帝、北帝、主帥、天后、醫靈、華光、洪聖、文昌、魁星、財神、金花等爲普通。[1] 而家中香火有安七位神者，有安九位神者，皆由上列各神擇而安之。而必以觀音居中，其銜獨書九字，曰：“大慈大悲觀世音菩薩。”餘則皆八字耳。亦有僅寫“敬如在”三字者，又有寫“天地君親師”五字者。商肆則多奉關帝之像，安一神字者亦時有之。此外則門官、地主、井神、灶君隨所在而安之。賭館之安土地，例用綠紙白字，上書“門口土地接引財神”八字，其財字必斜寫向入，殆取橫財之意歟？橫財者，不由勤而得之，意外財也。

　　鄉人好模倣，有爲之倡者，即群焉隨之。諺曰：“瘦田瘦地無人耕，耕開有人爭。”又曰“不拉頭纜”，又曰“不食獨物”。蓋老子不爲天下先之學説，久已深入人心矣。然自來無甚偉大人物、偉大事業，亦未嘗不以此也。

　　俗謂弟妹嫁娶先於兄姊者爲“跨攬去聲頭”，兄姊不能嫁娶，致誤弟妹之婚期者爲“阻頭”。阻頭不便，跨頭不祥，故通常十二三歲即定婚。然有因揀擇過嚴，致成阻頭者，謂之“揀大”，父母心急，即草草爲之結婚。諺

----

　　① 主帥，康公主帥；醫靈，華佗；洪聖，海神。

曰："千揀萬揀，揀隻爛燈盞。"蓋指此也。女子自梳，
多於此時爲之。亦有伺他家男子夭折，往爲服喪者，謂
之"冒貞"。總之，自梳、冒貞以及歸寧不返之俗，皆阻
頭不便、跨頭不祥之說有以致之也。

　　鄉間婦女視貞節二字最重，足稱節婦、烈婦、貞女、
烈女者，隨處有之。而再醮者則百不一二，間有之，輒
爲姊妹所不齒，絶之終身。若淫奔，更不經見。貞節自
守，相習成風，偶遇干戈，死者甚眾。文獻不足，鄉人
僅能言其事，而不能舉其人，致轟轟貞烈皆湮沒而不彰，
真一大憾事也。寧死不辱之風，今猶及見。間有過激者，
因不願與夫同室，或仰藥以死，或乘隙而逃，或罄所積
蓄爲夫置妾，視居室爲大辱，等生命於鴻毛，此爲鄉間
婦女之特性。若能緩和之，不使太過，風俗之美，何以
尚之？顧自富人之勢盛，而婢子之廉恥無存，自由之說
行，而閨女之風紀漸壞，滔滔不息，流爲江河。良用隱
憂，曷勝浩歎？

　　鄉間娶婦，大約過禮後三五年迎親，迎親後又三五
年而新婦樂家①。此固習俗使然，而老婆債亦爲一重要原
因也。蓋貧家娶婦，亦須用數百金。其金多由息借或請

　　　　　————————

　　　① 樂家，疑本作"落家"，指居夫家而言。詳下。

會執會而來，是謂老婆債。過禮所用，以至迎親，恰可清還；迎親所用，以至樂家，又恰可清還。還清老婆債，然後謀所以養妻子。貧人生計，大都如是。

鄉人因女子樂家遲，故早婚者多中人之家。大約十七八歲便置家，蓋待至新婦樂家，亦已二三十矣，不得不早爲之所也。若貧寒之家，則娶者遲，嫁者亦遲，而樂家更遲，往往四十乃有子。此富家所以較貧家往往越過一二代也。

鄉中多有爲子娶婦，至滿月後，即使之過埠謀生者。夫無懟語，婦亦無怨言。蓋徒有夫婦之名，而未有夫婦之實，故皆淡然若忘也。數年之後，其夫歸里，而新婦恰亦樂家矣。顧往往有嫌其婦年老貌醜而買妾者，此則家庭之變，抑亦風俗之羞也。

女子出閣後，除過年過節，以在母家之日爲多。必俟有子，始肯樂家，否則遲至十年八年者有之。若逼之太甚，則往往輕生服毒死。故爲翁姑者每托詞姑病，接婦回家，婦留三兩日，又常托詞送嫁，仍返母家。諺曰："家婆多病痛，新婦多嫁送。"所謂多者，非真多也，皆托詞耳。

　　鄉中女子習染歸寧不返之風，回頓即返母家。[1] 及將滿月，再回夫家數日。此後則元旦、端午、中秋，照例須回夫家過節。有不願者先時逃去，謂之"走節"，節後數日便回母家。亦有終身避匿不回夫家，亦不回母家者，謂之"走密身"。迨夫死，乃如常行動。又有爲夫買妾以遂其不返之願者，謂之"賠銀"。貧家多有之。

　　生子之家，於孩兒出生後，輒用紅頭繩縛柏葉薑箸懸於戶上，蓋取加增人口之意。然喪家於人死後，在門首掛麻綫碎布，又不知何所取耳。

　　鄉人之處吉凶二境者，恒以辮綫之色爲標識。色分紅、黑、綠、藍、白五種：紅用之於吉事，新郎之加冠，新娘之加笄，必用之，兒童則平時亦用之；黑爲平時用品；綠則期功服之所用；藍、白皆用以示丁憂者，初死散髮，三旬改白，百日改藍，以至三年。婦人則以之綰髻，男人之帽結亦同，但僅有紅、黑、藍、白四色而無綠色。粵人謂鴰爲龜，龜頭色綠，因謂妻有外遇者爲戴綠帽，故凡用綠辮綫者，皆戴黑帽結以代之。

　　富貴之家多不食最佳之米，食最佳之米者，大率皆

---

　　① "回頓"，疑爲回轎之訛，指回門。

勞動之人，如挑夫、轎夫之類。蓋此等人皆逐餐買米，又多無家室，因所買者少，遂覺所貴者無多；而富貴之家則人口繁多，每買必在一元以上，便覺相差甚遠，且富於儲蓄之思想，故最佳之米竟讓諸勞動之人。然亦有不盡然者。一般蠹米大蟲，如溺於烟賭之游民，亦非絲苗或鼠牙粘不食，此則無貧富勞逸之別矣。

城鄉商店每逢初二、十六，必具白肉、黃雞以祭神。祭畢，衆伴享之，謂之"造禡"。其生意少者，亦必具肉，大率比平常菜錢加倍。如每人每餐以十文爲常者，是餐則發二十文。至泥水、造木、打石三行，則每月四禡。初九、廿三亦爲禡期。蓋工商勤儉，魚菜多不甚豐，藉此以謀甘旨，所謂"憑神覓食"是也。至人家，則惟開年、春分、清明、閉墓、端陽、盂蘭、秋分、中秋、重陽、冬至、團年以及祖先忌辰，始有盛饌，比諸商店又較儉矣。

屋之角，路之口，鄉人皆以爲有損於所向。因是每於牆上掛一圓形木牌，中書"一善"二字，外畫八卦，正對他家屋角。又於路邊竪一長方形石牌，上泐"泰山石敢當"五字，或僅"石敢當"三字，正對前面路口。謂如是即能擋煞云。

古琴，六十以上人尚多有好之者，至少年則群趨於胡琴、月琴、洋琴、風琴。而風琴尤盛，學堂或且列爲教科。求其知有古琴者已不可得。琴之名存，而琴之實將亡矣。

自洋樂流入，古樂已不諧於俗，惟箏與琵琶尚有用之者。然用箏者惟盲公，用琵琶者惟盲妹而已。鄭聲亂雅，所賴以保存萬一者，乃在盲目之人。噫！

茭塘司近水各鄉，皆置有龍船。每年於五月初一至初五日，扒往各處競渡，謂之"龍船景"：初一爲新洲景，初二爲官山景，初三爲市頭景，初四爲新造景，初五則會於省城。省城之景自經懸禁，頓形冷淡，而各鄉之景則依然如故。"四月八，龍船到處挖。"此諺今尚實行也。凡龍船每年扒畢，則藏諸泥中，以免裂漏；至次年四月初八日，乃起而修理，謂之"起龍船"，亦曰"挖龍船"。扒龍船者皆本鄉子弟，不支工金，雖就工於外，屆時亦告假而歸，極形踴躍，故其速率比尋常增至數倍。所到之鄉，率送燒酒、燃爆竹以犒之。鄉人或立岸上，或坐船上，觀以爲樂。婦人競取河水洗兒，謂之"洗龍船水"。

中秋前後，鄉人每於月下爲打西牛之戲。廣場中置椓，椓上置爐，爐中焚香。數人偃臥，一人執香繞之行，口中喃喃。頃之有入睡者，扶之前，挾使立。問用何器，曰刀，則取刀放其前，曰鎗、曰棍亦如之。旋即作勢取器，五花八門，如法演技，雖平日不知技擊者，所演無不合法。演畢，棄器而仆。亦有演拳術者，又有二人相擊搏者，更有作教徒弟狀者，彼仆此起，各極其妙。以一人擂鼓其旁，疾徐進退，一如所演。觀者摩肩而立作環形，恒至月落乃散。此外則燒花塔、放孔明燈，隨處皆然。步月田間，頗饒野趣。而各家多於瓦上竪天燈，門前唱摸魚，月下切月餅、擘金粟柚、炒黃沙蜆以爲樂。間有飲酒猜枚者，大率商肆居多。住户節儉，多不設酒，然必具饌拜祖先，謂"爲祖先造節"云。

親戚之間，每年有例行之來往二次：一爲拜年，一爲擔茶。正月初旬由男家具煎堆、白餅、豕肉、熟雞等物送往女家，謂之"拜年"；八月中旬女家又送月餅、米粉、芋頭、綠柚等物於男家，謂之"擔茶"。一來一往，以時餽送，雖歷數代尚或照行。而以拜年爲尤重，故有"斷親不斷年"之諺。至於斷年，則相視若陌路矣。

鄉中每有盜警或火警，輒以亂鑼爲號；召集鄉人到廟議事，亦連續鳴鑼，惟彼則鳴之至急，而此則鳴之至慢，爲不同耳。晚上打更亦用鑼，而以鼓或木魚間之。

俗謂人之口疏者曰"散更鑼"，殆散更舊多用鑼歟？近則落更、散更均用鼓矣。而盜火之警報，又有以銀雞代鑼者。舊日習慣漸次改變，此其一端也。

科舉未廢以前，歲科試入學者，捕屬恒占十之八九，司屬僅十之一二耳。鄉人得入學者甚難，故獎勉入學者甚至。於其回家也，凡族中父老皆肅衣冠出村迎接，簪以花，飲以酒，鼓樂前導，備極歡迎。兄弟戚友悉來拜賀。此後則領雙胙，食書田，稱鄉紳，主鄉事。若窮鄉小族，不啻南面王矣。因是，其鄉有正紳者，其鄉人較易與，其鄉事較易辦。然又因是，而中舉者少，入仕者愈少；且因是，而一邑文風皆讓諸捕屬矣。

諺曰："洋船埋頭，豬嬤落寶。"此昔人言發財之機會也。俗謂畜類產子為"落寶"，母豬一產十二子，於其落寶極為歡迎，至今猶然。惟洋船抵埠則今非昔比，因而獲利者實無幾人，而彼則輦吾鉅金以去。全國生計皆為所窘，反成一大漏卮矣。民窮財盡，僥倖心生，至轉以賭博為發財之機會。顧勝者一而負者萬，因之喪身破家者相隨屬，固不得謂為機會，更不得謂為發財之機會也。

昔之往外國者，俟船開行，然後剪辮，顧仍留髮百數十根盤於頂上。蓋俗以剪辮爲不祥，故登徒獵豔，見婦女持剪，即不敢肆意橫行。至光緒末年始有倡剪辮者，然附和者甚少，不過華僑、學生、教徒三種人間有之而已。招搖過市，群焉非之。辛亥而後，俗乃大變矣。

諺曰："第一游波羅，第二娶老婆，第三絨綫櫃，第四擔紗籮。"蓋謂獵豔也。二月十三日爲波羅誕，前後三日，城鄉士女皆結隊往波羅謁南海神，游人如鯽，閨秀畢集，故爲第一。新郎初至婦家，合鄉婦女無少長貧富，皆聚觀於門外，諺曰："新女婿，逆面睇。"此之謂也。然所見不過婦家之一鄉，不若游波羅之廣也，故爲第二。中人之家，其婦女不親到商店買物，有小販肩負絨綫櫃、手持硺鼓上街賣絨綫，少女環櫃，而觀者常如堵，然非少長貧富皆出而歡迎也，故爲第三。舊日紡織之業皆女工爲之，業紗者以籮擔紗沿門收放，紡織之女蟻附其旁，然皆小家碧玉，又不若絨綫櫃甚矣，故爲第四。然此四者，至光宣間已大不如前。盜賊充斥，而波羅之游漸稀；洋紗流行，而紗籮之業竟絕；婦女習染自由，買賣交際毫無畏縮，而絨綫櫃亦零落以盡；所餘惟娶老婆一端，然自有所謂文明結婚，睇新女婿之風亦漸冷淡矣。

卷二　番禺之方言

捕屬與司屬語音大略相同，而微有特異之處。如彈丸之"丸"，司屬讀若圓，捕屬讀若環；公使之"使"，司屬讀若肆，捕屬讀若洗。其餘類此者尚多。一聞其聲，即知其屬。或謂捕屬人多自外省新來，或泥其音而不能變，或沿其音而不知變，故生如是分別。殆或然歟？

語貴吉祥，隨處皆然。其不祥者可避則避之，如謂人死爲"過身"，謂賣田爲"出手"。若不可避，則反説之，如謂打死爲"打生"，謂薯乾爲"薯潤"。甚至有同音者而亦反説之，謂猪肝爲"猪潤"，以肝與乾同音也；謂竹槓爲"竹升"，槓與降同音也；謂空手爲"吉手"，以空與凶同音也；謂通書爲"通勝"，讀書爲"讀贏"，以書與輸同音也；虧本之"虧"，俗讀若舌，遂謂舌爲利，如"猪利"、"牛利"是也；若謂雙蒸爲"孖蒸"，謂酒飯爲"酒晏"，則以雙傷、飯犯同音，而均無可反説，遂另以他字代之。其他忌諱多類此。

邑中頗多流行之隱語，如"沙灣燈籠"之爲何苦，"市橋蠟燭"之爲假細心，甚有別趣。不下百數十條，當另爲專書詳之。

"佬"爲男子之通稱，因其人事各有不同，而專稱以起。其以籍貫分者，如南村人曰南村佬，茭塘司人曰茭塘司佬，番禺人曰番禺佬，廣東人曰廣東佬；其以住所分者，如隔岸人曰隔海佬，外省人曰外江佬，外國人曰番鬼佬；其以職業分者，如讀書人曰讀書佬，農人曰耕種佬，商人曰生意佬；至於工人，則更就其業而細分之，如泥水匠曰泥水佬，打石匠曰打石佬；又若富人曰財主佬，乞丐曰乞兒佬，則以境遇分；好色者曰鹹濕佬，負義者曰反骨佬，則以道德分；高者曰高佬，盲者曰盲佬，則以形體分；愚者曰呆佬，能者曰飛佬，則以智識分；揮霍者曰闊佬，吝嗇者曰劣佬，則以手段分；瘋疾人曰發瘋佬，内傷者曰内傷佬，則以疾病分；吹烟者曰鴉片烟佬，嗜賭者曰賭錢佬，則以嗜好分；而衰佬、死佬，則爲婦女罵人之辭，與其他所謂佬，又微有異矣。

　　華僑回國，人皆以大客稱之，或曰某埠客：如由大呂宋回者，曰呂宋客；由金山回者，曰金山客；由安南回者，曰安南客。亦有以所往地冠其名上者，如呂宋某、金山某、安南某是也。

　　俗呼像姑爲“契弟”。故契弟二字，僅用以罵人。而契爺、契媽、契姐、契妹，則彼此相呼，毫無忌諱。又謂姘頭男女爲“老契”，而契家相稱亦曰“老契”。習俗相沿，莫能自完其説。然偶或誤用，則怒目相向，以爲莫大之辱。昔在慈利①，見壁間楹聯，有自稱契弟者，余與吳伯庸先生相視而笑。吳巖村先生釋之曰：“此猶粵人之稱如弟也。”少見多怪，不覺報然。

　　和尚本僧人之美稱，而婦人罵男子曰“和尚”、“契弟”，爲像姑之別名。而盜賊相呼以“契弟”。“妻者，齊也。”② 而稱夫族，則自視如僕婦，稱翁曰“老爺”，姑曰“安人”，夫兄弟曰“幾相公”，夫姊妹曰“幾姑”，夫伯叔曰“幾老爺”，夫姑母曰“幾姑太”。習焉不察，

---

① 慈利，在湖南省西北部。
② 語出漢班固《白虎通·嫁娶》，謂夫妻地位平等。

固不知是誰作俑矣。

邑人謂鴇母爲"龜婆"，因而"龜公"、"龜蛋"等皆屬罵人之辭。故父母名其子，例不用龜字，即同音亦避之。然好以猪牛狗等爲乳名，如大猪二猪、大牛二牛、大狗二狗之類。蓋取其易育云。

謂平常所食之米曰"白米"，而呼鴉片烟則曰"黑米"。此爲譏誚烟友之語。烟友嗜鴉片烟者之別稱亦謂之"烟精"，又謂之"大粒烟"。意謂嗜鴉片烟者視烟如命，惟知有烟，而不顧其米也。

土談有常用之形容詞二：曰天，曰鬼。如"天咁好食"、"鬼咁醜樣"。是其用均甚多，大約天爲美善之形容詞，鬼則醜惡之形容詞也。婦人對於他人之所施於己者，倘不甚歡迎，而亦不甚固拒，則以"鬼咁"二字應付之。亦有罵之曰"衰鬼"者。

吾邑土談，凡屬語助詞，皆有音而無字。光緒晚年，各報記者群倡通俗白話體，乃本昔人譯音字旁加口之例，創爲新字：如之之爲嘅，乎之爲咩，者之爲呢，也之爲啊，矣之爲嘛，焉之爲咯，哉之爲囉，歟之爲啤，耳之爲嚧，不之爲唔，能之爲嗿，勿之爲咪，恰之爲啱啱，茲之爲㜘吓，此之爲呢啲，彼之爲嗰啲，其之爲嗰個，非之爲唔係，則之爲咁就，云之爲咁話，否之爲冇呢，或之爲有啲，抑之爲吱又，凡之爲咁多，亟之爲快啲，如此之爲咁樣，不必之爲唔駛，不可之爲唔好，甚不之爲好唔，幾乎之爲差啲，豈之爲唔通，然之爲咁樣，者矣之爲嘅咯，者也之爲嘅啊，不特之爲唔止，咸之爲晒囉吟，盍之爲點解唔，漸之爲慢慢嚟，否則之爲唔係呢，此時之爲呢陣時，當時之爲嗰陣時，豈不之爲唔通唔，不意之爲唔估到，不幸之爲唔好彩，何不之爲點解唔，無不之爲冇話唔，爲何之爲因乜嘢，不能之爲唔做得，不得之爲唔好咁，不獲之爲唔得，倒不如之爲唔似得，然否之爲係唔係，何也之爲點解呢，非不之爲唔係唔，無論之爲唔講話，何妨之爲怕乜嘢，亟宜之爲快啲，要不、可不之爲唔好、唔非，然者之爲唔係呢，胡能不之爲點得唔，然則之爲咁樣就係，切莫之爲千祈唔好，不甚之爲唔係十分，未必之爲唔係一定，何如之爲好唔好呢，莫不謂之爲冇一個唔話。既而官府之告示，商店之告白，亦往往用之。蓋昔日之粵謳、龍舟歌早已發其端，一經各報之鼓吹，遂如水銀瀉地，無孔不入。然以之釋詞則可，以之爲文，未免令閱者或有向隅之歎耳。

死字，亦俗語之助詞，其用與殺字同。如“激死”、“快活死”是也。亦有於死字下加人字者，如“累死人”、“嚇死人”是也。又有於死字下加鬼字者，如“憎死鬼”、“羞死鬼”是也。

通商之後，英人到粵者日多，粵人通英語者亦日益眾，而英國語遂有流行於市井者矣。稱商人曰“孖氈”，呼挑夫曰“苦力”，許人第一曰“林伯溫”，自謂老耄曰“歐路文”。此類甚多，皆將由英語而變爲俗語者，俗稱之曰“鹹水話”。蓋其發音不正，不中不英，而操之者多屬鹹水妹，故云。又操國語而發音不正者，俗以“鹹水官話”目之，亦取此義也。

西人商於吾粵者，以英國人爲多，故英國度量衡之名，婦孺亦多有知之，且並能折合於中國之制。如一碼合中國二尺四，一磅合中國十二兩是也。然問以碼、磅爲何國之制，亦茫然不知，只知二尺四爲一碼、十二兩爲一磅而已。

外國物名，有不能以義譯者，如咖啡，如吧唎喼。有可以義譯者，如戟，如埃士、忌廉。邑人好新奇，往往不論其可以義譯者與否，而以沿用其音爲常。番菜館、機器廠用原音最多，買客亦習焉不察，若忘其爲外國語者。至謂銅幣爲“仙”，則朝野上下習非成是，固不祇邑人矣。亦有謂銅幣爲“蜎”者，蓋本於安南話云。

嘜，此云商標，英國語也，亦譯作“嘜”。廣州爲通商口岸，凡洋貨之來，必有嘜爲記，大率畫鳥獸草木之一形一狀爲之。同一貨而各店不同嘜，同一店而各貨亦不同嘜，故買貨者以認明其嘜爲第一義，而嘜字遂成通行之語。且有呼之爲“嘜頭”者，此則不中不西，與“嗹袋”、“啲帽”等同爲奇特之新名詞矣。

卷三　番禺之山川

邑志氣候一章，與今無大差別，惟六月十三，俗謂彭祖忌一條，與諺所謂"六月十二彭祖亞公忌，沈風大雨打沙梨"，微有不同耳。

夏季大雨，若先聞雷聲者，必不長久。諺曰："先雷後落落，雨唔濕階墈。"階墈，亦稱階墈頭，即階前石也。

古人謂星象與人事息息相關，西人則謂行星之隱見無與於治亂。宣統二年四月彗星見，閱月乃隱。爾時除科學家外，群焉憂之，若大難之將至。顧自是而後，干戈擾攘，連年不息，而隱見之期，科學家又確能測而得之。抑何奇也！

番禺文人，以捕屬爲最多，以茭塘司爲最著。黎美周、屈翁山皆茭塘司人也。翁山文章氣節當推邑中第一，而邑志僅載其《廣東文集自序》、《廣州竹枝詞》及《廣東新語》數則，不敢爲之立傳，並其名而亦諱之。余嘗題其後云：“邑人有翁山，邑志無翁山。亦非無翁山，卻在有無間。有文數篇，有詩數首。此外無一言，彷彿三緘口。翁山究竟何如人，生前著作嘗等身。自稱明代一遺民，奏牘所謂屈大均。”按：姚覲元禁書總目載翁山著作之被燬者凡八種：一、《寅卯軍中集》；二、《翁山詩集》；三、《翁山文外》；四、《翁山詩外》；五、《翁山易外》；六、《四朝成仁録》；七、《廣東新語》；八、《登華山記》。《廣東新語》亦在禁書之列，而獨取之，抑又何也？翁山，沙亭鄉人。美周，板橋鄉人。山川均至明秀，所出人物盛於明而衰於清，豈山川之靈氣有時而盡歟？

大鎮岡有二，均在大箍圍，相距不過十餘里。鄉人稱近山門鄉者曰山門大鎮，近岡南鄉者曰岡南大鎮。大箍圍之山脈皆由此二山發出云。

七星泉在七星岡北黃峽罅，泉水甘冽，隆冬不竭，烹茶釀酒均稱絕品。余有詩云："在山人不見，祇有老農知。此地誰黃諫，空林落日遲。"

邑志謂海心岡一名日月山_{卷四}，今鄉人呼大者爲月岡，小者爲星岡，又曰細岡。先大父《耕雲別墅詩話》亦謂大者位南，又名月岡，小者位北，又名星岡。論其形似，尤以星月爲近。且兩岡之間所出黃魚味至佳，邑志黃魚條_{卷七}所云出南亭星月峽者是也。峽之得名，當緣於岡一名日月山之說。邑志恐不無有誤也。

東山社各鄉均有別名。南村一名南山羅邊，一名蘿山市頭，一名洲南板橋，一名橋溪上梅坑，一名梅山大岡南，一名山南里仁洞，一名里溪。然如沙灣之別名本善，石獅頭之別名石樓，各鄉皆然，固不獨東山社矣。

茭塘司人烟稠密，各鄉多日見增拓，改田爲廬，古村蓋不多有。以余所聞，余鄉南村，昔在拖水榕顯社，有竹脚村，今屋址尚依稀可數。深水社之沙園，則廿年前始移於新村，破屋猶存，炊烟已絕。每一過此，不勝今昔之感。又有橋頭下，今距其遷去時亦不過數十年云。

民國八年，廣州市政公所將老城、新城城垣盡行拆毀，並以每井五元之官價收用附城民房數萬間以爲馬路，古物出土不可勝數。外父黃吉蕃先生所得甚多，贈余古磚五塊：其一文云“永嘉六年壬申宜子保孫”，背面有一“陳”字，均陽文分書；其二文云“景定元年造預備磚勇敢黎”，陽文楷書；其三文云“番禺縣”，陽文楷書；其四文云“中前所”，陰文楷書；其五文云“興縣劉興”，字上缺文，陽文楷書。除永嘉、景定二磚外，俱無年號。自是而廣州城徒有其名矣！謹藏諸南村草堂，以爲紀念。

邑志卷十七東山廟條註云：“內祀南海神。”查嘉慶甲戌重修碑記云：“東山廟二，一專祀真武，一分祀文昌、漢壽亭侯，蓋數百年於茲矣。”與今日所見相同。除上碑外，尚有乾隆甲辰、道光丙戌、道光辛卯、同治壬戌四次重修。碑記現均存文武廟內。而邑志僅云嘉慶甲戌年修，道光□年重修，不知當時何以失實如此，疑載筆者固未親歷其境耳。

七星岡尾有破塔，搖搖欲墮，無額又無碑記，興建何時，倡建何人，均無可考。吾鄉柏社坊有廢館，垣頹壁壞，惟門額尚存“會館”二字，若不詢諸父老，則祇知爲會館，而不知其屬於綿花行矣。即此可見文獻之足貴。

邑志載南村橋梁凡四：曰穀橋，曰鯉魚橋，曰綠水橋，曰七里橋。今按：穀橋在文瀾門外，綠水橋在綠水社旁，其南數十步爲鯉魚橋，皆跨蓼水之上游。惟七里橋則遍尋弗獲。東山廟與鄔氏大宗祠之間，有七星橋，以七星岡得名。疑七里爲七星之訛。

糞步橋在南村南，邑志不載，而得名甚久。從前糞船皆泊於此，今則舢板亦不能到矣。相傳蓼涌之水直達老鼠山，後漸成陸，南村沙灘其下，藏有龍船，父老猶或見之。滄桑遞變，理有固然。邑志謂"任志稱大鎮岡，① 高百餘丈，橫三百丈，有瀑飛流二十餘丈，語頗失實"云云卷四。以今例昔，則所謂老鼠山三面臨海卷五十三，寧非失實乎？竊謂山川風俗隨時變遷，馬跡蛛絲，正當於舊日記載與今不同處觀之。此橋雖小，然糞步之名，可見當日之情形，可證山川之改變，要自不可不留也。

南村有乞兒山，在壺瓶岡，相傳乞者客死，其友某乞瘞之於此。每清明將盡日，偕群乞省之，至今不絕。

老鼠山有鐵善人、鐵貓兒，其來歷略見邑志。蓋因

---

① 任志，指乾隆《番禺縣志》，任果等纂。

其地多盜，一以化之，而一以厭之也。是鄉之人至今猶引以爲大辱。沙灣司巡檢以時巡視，無如何也。入民國後竟不復見。聞初由鄉人埋之土中，後見無人過問，乃起而銷燬之。余過是地，嘗有詩云："昔來老鼠山，鐵猫伏如虎。今來老鼠山，鐵猫入於土。鐵猫到此百餘年，老鼠無敢當其前。那知宣統三年九月十九後，乃與世運同變遷。嗚呼！同變遷。默無語，怪底滿山皆老鼠。"其二云："老鼠山，鐵善人，到此亦將二百春。與猫同來亦同去，一坏黃土終其身。善人善人從此逝，見幾不早應流涕。而今世事盡翻新，嗟爾善人寧破例。"其時蓋猶未銷燬也，善人高於小童，猫兒大如水牛，重數千斤。鄉人不能自治，碎而運往市橋賣之，詎含砂甚多，所得鐵價不敷運費，因是虧累者數人。而百餘年古物竟同歸於盡矣。猫兒後有碑，高尺餘，長約三尺，至是亦不知去向。甚悔昔時不曾椎拓也。

卷四　番禺之物産

　　邑中物産，有以地方著名者。天然品則花埭之楊桃，新造之綿及番薯，崙頭之柳橙，南岡之栗，江瀝海之鱟蝦；製造品則沙河之粉，沙灣之白餅，大石之腐乳，新造之橄欖，波羅之雞，南岡之糖，東圃之糖葛。亦有以字號著名者，陳李濟之添丁丸，馳名遠近，其最著矣。

　　魚之智者，其肉多美。鯇及土鯪爲塘魚中上品，而感覺均極靈，一聞水響即貼近塘邊，以避網罟。倘非乾塘，則須没水摸之。然非人人皆能，必其手法：未得之前，其軟如綿，既得之後，其硬如鐵，始可捕取。徒然舉網，未易得魚也。若舉網可得者，惟至劣之鯿魚，稍佳之大頭魚耳。垂釣亦然。鯉魚深居塘底，亦不易網釣。其佳處不在肉，而在膄及卵，[①] 開燈必用之，開年多用之，拜年間用之。南村鯉魚橋，以其地產鯉魚甚佳得名。

塘蝨頭扁口大，體圓腹白，有鬚無鱗，多黏質，類鮎而小。伏處塘底，而時時躍至水面以事呼吸，一瞬間即復回泥中。聞水中有聲，而水面有一氣泡者，即其所在也。好食塘魚，以是得名。耕塘者每於隆冬車乾塘水，任人搜取，爲魚除害。捕者須以兩指箝其項，否則將爲其鰓旁之骨所傷矣。鄉人又謂有八字鬚之人爲塘蝨，義取象形，非有他也。

田釘魚，長僅半寸，肉至肥美，頗類筍殻魚，而甘滑過之。用生油煎透，再加白油，便成佳饌。

鯝有黑白二種，暴風將起即躍於水面，航海者以之爲風兆。故諺曰：“烏鯝白鯝，唔見大吉大利。”邑志謂數年一至南海廟前參謁，疑是故神其説耳。

諺曰：“鱘魚頭，鯇魚尾，塘蝨心，蛤𧊔屬。”[②] 此就

---

① 編輯按：“膄”應爲“膄”，意爲魚身肉質好之部位。

② 編輯按：屬即髀，大腿。

其最佳處言之，若以全體言，則此四種固未得謂爲最上品。嘗見省城之人，有以爲不足入口者矣。或者鄉人儉樸，[1] 所見尚未廣歟？然是四者，每兩價銀俱一分有餘，蛤蜊且間至二分以上。值價至此，當不至不足入口。其爲此言，殆欲以傲鄉人耳。

魚蝦之入市，以春間爲多，至四月則漸稀少。諺曰："四月八，洗魚笪。"蓋自是而海鮮固不可多得，即塘魚亦尚幼稚，未能應市，賣魚者當於此時收拾魚笪，暫爲休息，故云。

俗稱出海取魚之大船爲大嚳船，大籬圍近水各鄉均有之。聞父老言南村昔亦有一艘，惟已不及見。余童時在沙亭屈建生外祖處常常見之。每一大嚳船泊岸，則鄉中婦女攜瓶趨赴汲取魚湯，各在山邊縱火煎之，以爲調味之用。魚湯者，即醃魚之鹽水，潮州人所謂魚露者是也。吾鄉灣頭間有發賣，其價較昂。今則風流雲散，即沙亭亦不多見矣。

粵人每於秋風起後爲三蛇之局。三蛇者，飯匙頭、金腳帶、過樹龍也。飯匙頭怒欲噬人時，其頭變作飯匙

---

① 編輯按：原作"僕"，應爲"樸"。

形；金腳帶週身黃黑色相間，如纏足之帶；過樹龍常棲於樹上。三者皆噬人立斃之毒蛇，而其膽最驅風，其肉最可口。烹蛇者必合而烹之，每種一條，謂之一合，每合值銀數元。烹時先取其膽以製蛇酒、蛇薑、蛇陳皮等藥品，繼剝其皮，去其骨，而取其肉，和雞肉或貓肉及配菜等會之或燉之。其和雞肉者曰龍鳳會，和貓肉者曰龍虎會，[1] 均美味也。

禾蟲每年兩造。早造出於四月中旬，曰金花蟲，以四月十七日爲金花誕得名。所出無多，且不過數日而已。至八月出者爲晚造，出産甚多，爲時亦長。每於潮退時從禾根湧出，寸寸而斷，即各成蟲，五色斑斕，隨流而下。漁人張疏布於水口，截而取之；若掘泥覓取，則不可得也。傍晚天紅，翌日禾蟲必多。故諺曰：“天紅紅，漚禾蟲。”

田螺生田中，早晚兩造均有之。鄉人每取以佐饌，去其掩，穿其屄，[2] 入以蒜蓉、豆豉，連殼蒸熟，啜而食之，甚可口。惟早造所出相傳毒甚，有“頭造田螺毒過蛇”之諺。但蛇之毒不在肉，不知所謂“毒過蛇”者，

---

① 編輯按：以上三處“會”字，疑本爲“燴”。
② 編輯按：屄，音乩，尾部。

果何所指也？

花木之屬，多以正月至六月移種，惟梅則須在八月至十二月移之。若移於春夏間，則生而不長，結實亦疏。

木棉樹最高，若其旁先有別樹，不久則高過之。必俟過之，始開枝發葉，不肯居下，其特性也。故一名英雄樹。

桑，近順德諸鄉多種之，其他地方種者甚少。蠶桑本吾粵天然之利，而放棄如此，不知地土有不宜，抑人事有未盡耳？吾鄉婦人以桑與喪音同，故有“門前不種桑”之諺，謬說流傳，至為可惜。柳，隨處皆有之，惟無花，亦不作絮。謝道韞詠雪云：“未若柳絮因風起。”自古稱之，而鄉曲老儒往往不知所謂。蓋未嘗出外，則終身不曾見雪及柳絮，無從知此語之妙也。

榕，大者數圍，蔭數畝，根生至枝，垂垂而下，名曰榕樹鬚。實大如豆，色深黃，鳥食之，其仁不破，旋隨糞落黏於樹枝，久之萌芽，遂成寄生。亦有生壁間者，其根甚細，無孔不入，入孔之後，漸次漲大作番薯形，牢不可拔；及其蔓延，壁與瓦皆被其損壞，繁殖之力，至為可驚。

火秧，葉澀不可入口，惟患痧者嚼之甚甘，而痛即止。

新造地所出之棉花，幼而白，長而靭，鬆而暖，爲各屬冠。往時業此者甚多，幾於無男不種植，無女不紡織，布墟、紗市隨地有之。近年則紡紗之業風流雲散，至覓一紡紗器具而不可得。織布之業亦一落千丈，新出高機尚可支持，舊日矮機已成僅有。而種棉之業尤不堪問，行田野間，往往數里之內不見一棉。南村之棉花會館危墻欲墮，門額僅存，風雨飄搖，無或過問。詢之鄉人，多不能舉其名，道其實。而紗市街且改紗爲沙，一二遺跡亦將湮没以盡。地非不宜，工非不良，數十年來，一至於此，貨棄於地，言之痛心。嘗於此中細求其故，蓋洋花之暖雖不如廣花，然洋紗貌美價廉，適於時尚。輸入之後，於是臃腫且貴之土紗相形見絀，猶復墨守成法，不解趨時，而銷路遂窒。此紡紗之業所由衰敗也。洋紗幼而勻，所織成之布自比土布爲可愛，而其染色更嬌豔奪目，非土布所能望其肩背。雖土布暖而耐久，然風俗日趨於奢侈，與其無華，毋寧易敝。競以洋布相誇耀，而土布遂落人後矣。此織布之業所由衰敗也。種植棉花，培養之力大，收採之功勤，且花時遇雨則雖有若無，比之種瓜豆等雜糧，殊覺有勞而無功之慮。即有收成，而成本得利之比，例與種雜糧相差不遠。農人貪近功，無大志，且紡織業並日就衰落，而種棉者因亦漸稀。此種棉之業所由衰敗也。總而言之，皆由近日農工商並趨於奢侈懶惰有以致之耳。顧今日之本地棉花，其佳處不減於往昔，而世人皆不惜重價以求，價高於洋花約三之一。倘本其土宜，加以人事，則棉業之復興，亦非必不可能之事也。

燈心草，莖細而圓，高二尺餘。花微黃，瓤白有彈力，能吸取液質，截斷之供燈心之用。鍾村、大石一帶種者甚多。自火水燈盛行，舊日油燈其用銳減，僅餘供神一部，而燈心亦歸於淘汰。故近年種者漸稀。若盡取其瓤，連花結之，每根一球，謂之燈心丸，供藥用，利小水。鄉中有小兒之家無不有之。

崙頭、北山等鄉，以果樹爲大宗，而毗連之赤沙則獨以鹹菜著。晚禾割畢，即種芥菜，朝割則暮種，暮割則朝種，爲功至忙，不亞於蓼㳘水之種蘿蔔也。菜肥而刈，藏之以鹽，待至翌年，按其下鹽之多寡，以定起菜之先後。菜色鮮明，他處莫及。故省城菜欄，非俟赤沙菜到，不能定市價云。

切菜，爲蓼㳘水出口貨之大宗，每年自十月以至翌年正月，於田間搭蓋茅寮，滿堆蘿蔔，[①] 村女百十，列坐其次，切之爲絲，晒於筻上。嶺南無雪，而此時田野間一望皆白，頗有雪趣，亦奇景也。晒至半乾，醃之以鹽，藏之以罈，數十日後即可取食，是名切菜，亦名菜口。稍有資本之農人無不業之，東西北三江均有銷路，亦有運銷於南洋、金山等處者。

番薯共數十種，大約可分爲二類：一富於糖質者，生食熟食均宜，以牛角紅爲最佳；一富於小粉者，祇宜熟食，以香哥爲最佳。香哥，一名香水，起沙而香，不亞於炒栗；惟不宜作脯，宜於作脯者當推牛角紅。吾家所製薯脯，即以牛角紅爲主，色潤如蓑，味甜如蜜，頗負時譽。惟選製極難，不可多得，爲可惜耳。市上所售，多以最劣之種名六十日者爲之，硬而無味，真同嚼蠟。亦有以牛角紅製者，然煮以麥芽糖，致失其真味，殊負此佳種也。

夜合花以黃昏開，半開時放濃香，至夜開盡，而香亦盡。翌日則花瓣散落矣。邑志謂花開於曉而合於夜，與所見不同，不知是一是二也。

---

① 編輯按：原作“籬”，應爲“蘿”。

指甲花早上甚香，過午則否。諺云："朝頭指甲，晚頭屎罎讀若塔。"

蘭花與瑞香花同植於一處，則蘭、瑞俱萎。故諺曰："亞蘭契亞瑞，大家鬥互也累。"

蓮多以二月十九以前上盤。相傳二月十九爲觀音誕，以前所種花出葉上，以後所種則花生葉下。說頗荒誕，驗之信然，殊不可解。

菊本秋花，近則幾終年常有之。蓋種植異時，培養異法，則開花不限於重陽。然非盡菊皆然，惟黃白兩種能之耳。

鶯粟，採其液煮之，即爲鴉片，能滅人國、絶人種之毒卉也。嘗有人試種之，因地土不宜，繼者絶少，蓋不待禁而自絶。維吸食者雖禁而不絶，爲可痛耳。

吾鄉半邊岡，生有鐵塊，大如白豆，長方立體，雨後於水流處俯拾即是，鍊之爲刀，堅利無比。岡南大鎮岡有魚牙石，類水晶而小，陳列案頭，頗足悦目。然皆未有大用，僅供兒童之賞玩而已。

相傳二月十二日爲南海神誕，邑中南海神廟以波羅爲主，即韓昌黎南海神廟碑之所在也。故又謂之波羅誕。誕之前後三日，士女雲集，莫不購波羅雞、波羅符以歸。波羅雞者，以紙樸和泥，範爲雞形，外加彩色之油，小者如雛，大者高二三尺不等。波羅符以長二尺餘、闊尺餘之紙印神像或花鳥，上蓋神印，懸之壁間，謂可辟邪。廟旁各鄉皆以製造此二物爲業，一年所製，數日內悉數沽清矣。

聽雨樓隨筆

番禺鄔慶時白堅撰

自　序

余少好爲文，近年來牽於人事，不彈此調久矣。興之所至，間亦爲筆記一二則，或記所愛之時，或記所愛之地，或記所愛之人，或記所愛之物。搖筆即來，不假思索，既無宗旨，亦無條理。稿脱輒投諸《七十二行商報》，[①] 版出後剪而存之，心之所愛，情不能忘。略事增删，遂災梨棗，顔曰《聽雨樓隨筆》，都四卷。聽雨樓在廣州市青雲直街，余自壬戌正月由鄉遷此，初名白桃花館，甲子改建，并改今名。是編之作多在此間，然亦不記某條在改建前，某條在改建後矣。拉雜書之，復拉雜存之云爾。

中華民國十六年，花朝鄥慶时識於中山大學

---

① 全稱《廣東七十二行商報》，存在于 1907—1938 年間，爲近代廣東最長壽之報紙。

卷　一

　　《易》言“上古穴居而野處”，^①余嘗疑之。以吾人苟席地，經時便感潮濕，若逾數日，即腰酸腳軟而不能行，其何以能終老？甲寅之夏，漫游直隸、山西等省，則穴居野處者猶時時見之。乃知非讀萬卷書，行萬里路，固未可以批評天下古今之事也。

　　出慶雲寺左轉一里許，爲飛水潭，懸流叠嶂，鼎湖山最佳處也。己亥八月，先大父重游此地，題詩云：“觀瀑亭仍在，林深觀未明。飛濤如隔壁，風雨祇聞聲。”當時頗以林深蔽瀑爲憾。辛壬之交，山中林木幾盡爲民軍所伐，牛山濯濯，瀑又可觀矣，而風景之殺，乃適在此。九原有知，不知作何感想耳。

----

　　①　語出《易經·系辞》，非《周易》經文。

余昔挽家撝樵先生有句云：“六經融漢宋，兩路辨人禽。”融合漢宋，陳東塾先生力持此說，先生亦主之。廣東經學，以此派爲最盛。康南海先生始講西漢今文之學，以爲今古二派已自不能融合，何況漢宋？因是又別成一派。但其說晚出，尚未盛行而西學輸入，甚至有倡廢經者，故不能與東塾一派並駕而齊驅。然東塾一派以時勢之變，亦漸式微矣。

“家貧歧路無杯酌，世亂朋游勝弟兄。”沈太侔先生送潘蘭史出都句也。晚近人情日趨儇薄，不惟結交須黃金，而兄弟之間亦往往因財失義，反面成仇。轉不若道義之交之淡而彌永也。世變至此，奈何奈何！

嶽麓山近臨湘水，遥對長沙，北望洞庭，南連衡嶽，頗饒山水之勝。乙卯秋，余與李礪鋥、楊仲鄹諸君登焉。見有聯云：“東南雲氣來衡嶽，日夜江聲下洞庭。”寫作俱佳，余酷愛之，惜忘其出於何人手筆。又嶽麓寺有李北海碑，亦未拓存，時以爲憾。

陳劍秋先生好打詩鐘，尤好射覆。壬戌正月，時敏同人開校友會，先生獨後至。問之，則因有一謎面“宮”字，隱一“卯”字。移時始猜得之故也。或不解，先生曰：“於卵中抽去兩點，是何情狀？”① 舉座爲之粲然。

吾人書聯，若一比分作兩行者，必書成門字形。出比左行，對比則易爲右行，無兩比皆左行者；而北京則多有之，謂之合歡式。長元吳會館之“長春韶景調元運，吳會英髦適館餐”。以合歡式書之，從首字橫看，適成“長元吳館”四字。② 若作門字形，便不見其巧妙矣。

優塡王造像，在龍門二十品中實屬下乘。《廣藝舟雙楫》，謂其平整薄弱，絕無滋味，殊非過當。然起伏轉換，朗若列眉，示人以運筆之法，無逾此者，雖不必有二，然不可無一。斯其所以亦得廁於大家之列歟？

丁巳二月，余客海康，同寓譚偉民故詼諧。一日薄暮，謂余曰：“日暮矣，何尚不回府？”是時余雖與弟姪及重光兒同往，然固未攜眷也，愕然者久之。偉民忽攜余手出行，數十武一廟當前，則鄔王宮也；又數十武，又見之，如是者三。偉民視余笑，余始恍然。既而問諸雷人，鄔王，鄔蛇大王也。雷州土音，讀藥若蛇，鄔蛇即烏藥，一名蛇仲管，爲雷州特產，治心氣痛。昔人疑

---

① “宮”字指自宮，自宮即“卵”字去掉兩點，成一“卯”字，表示點卯。

② 指上下聯第六字皆另起一行，并且皆左行。

心氣痛爲鬼作祟，遇蛇仲管即止，遂以爲神而祀之。與榕樹大王、白馬大王同爲雷人所崇拜，而鄔王獨多專祠云。

黃鶴樓在武昌城西北黃鵠山上，俯瞰大江，遥望漢陽、漢口，最宜吟眺。有聯云："大江流日夜，西北有高樓。"余愛其氣勢雄渾，然"大江西北"、"日夜高樓"屬對略嫌未工也。頃讀《李太白集》，《寄少府趙炎當塗》云："寒山饒積翠，秀色連州城。"知古人實有此對法。蓋"大江高樓"、"日夜西北"，遥爲對像耳。李義山"裙拖六幅湘江水，髻挽巫山一段雲"，[①] 亦此格也。

廣州自築長堤、開馬路後，飲食徵逐之場日多一日。其始有所謂東園者，繼而南園、西園、北園接踵而起。北園在小北門外，獨饒野趣，風雅之士恒樂就之。或題其壁云："園林也解分南北，泉水何須辨濁清。"時勢使然。殆一名之微，亦有不能外者歟。

北京之湯山，梅縣之湯坑，余屢欲往浴而均不果。惟桃源縣之熱水坑，於無意中浴之，積年痔患一浴而愈。乙卯十二月，余自慈利將回長沙，吳伯庸約循澧水下洞

---

① 此唐代李群玉詩，下句"髻挽"應作"鬢聳"。

庭。余以熱水坑之故，獨由陸至常德，途遇大雪，天氣嚴寒，而熱水坑之溫度乃反升高，水流里許，望之尚熱氣蒸騰，若將沸者。不知湯山、湯坑亦若是否耳？

東塾先生挽其夫人潘氏聯云："已到暮年，名若悼亡實偕老；不妨多病，卿今先去我安歸？"有人將其絹本真迹攜至凌孟徵先生家求售，先生長媳亦姓潘，時適病重，以爲不祥。翌日果卒。

相傳馮潛齋買舟回西樵，[①] 有同舟者見其樸素，以爲鄉人也，因自言識馮以傲之。馮口占云："三人同一舟，去拜馮成修。成修唔識佢，佢亦唔識羞。"[②] 寥寥二十字，而舟中之情狀與當日社會之趨勢歷歷如繪，宜其傳誦至今也。

張家口賜兒山有水、冰二洞，相距僅丈餘，而寒熱迥異。據士人言，水洞雖隆冬不竭，冰洞雖酷暑猶凝，因以得名。甲寅五月，余與伍韜若漫游至此，時冰洞之

---

① 馮成修，號潛齋，廣東南海人，乾隆時進士，官至禮部郎中。

② 疑三四句本當作"成修唔識佢，佢亦唔識修"，"修"諧音"羞"，一語雙關。

冰尚未解也。因悟以舜爲兄而有象，以惠爲弟而有跖。①殆皆山川之氣所鍾，特爲靈、爲戾，各得其一偏耳。

北京崇效寺有丁香一株，係王漁洋、朱竹垞手植，翁覃谿刻石壁間記之。花時無過問者。而牡丹之開，則士女雲集，馬龍車水，喧鬧異常。余有句云："走馬王孫都去了，風光依舊是僧家。西來閣下斜陽路，閒殺丁香一樹花。"當時頗哀其閒，至今思之，忙固未足羨，閒亦未足哀也。

張文襄嘗閱一説帖，有"目的"二字，怒甚批云："目的是日本名詞，閱之討厭。"批已付屬員路某，路戲以紙條批云："名詞亦是日本名詞，閱之尤討厭。"迨送稿時，忘去其條，爲張所見。張益怒，令趣路，將申飭之。聞左右言，路爲八股大家路德之後，色稍霽。路至，僅曰："挑剔亦不容易。"遂退。

先大父棄養時，程子良先生方聽鼓蘇垣。余奉亮卿伯父命，郵書乞銘墓。荏苒數年，未遑執筆。丁巳護法南來，顧余鄉中，宿於耕雲別墅，一夕而稿脱，見者莫

---

① 象，舜帝的異母弟。惠，柳下惠，魯國賢臣；跖，盜跖，傳説係柳下惠之弟。作者誤記爲柳下惠之兄。

不歡賞。南海先生讀至"性稟先傳"一段，不覺擊節，以爲必傳之作也。又閱三年，至庚申八月，先生避亂余鄉，纂修《桂平縣志》。既成，乃書於石。時則去先大父之喪十年，而先大母亦去世七年矣。文云："公諱啟祚，字繼蕃，號吉人。其先春秋晉國公族，食采於鄔，因以爲氏。宋鄉賢大昕，官廣州僉判，開鹿步滘以便民，民戴而留之，是爲入粵始祖。五世宋宣義郎蕭避亂番禺之南山，遂家焉。公之曾祖爲二十世允賢，贈儒林郎；祖鳴謙，贈通奉大夫；父夔颺，贈武翼都尉。皆勤修世德，祠塋橋路，修造爲勞。妣江、何俱贈淑人。公，何出，事父母孝，事兄恭且摯，能親睦其族。族分兩大房，自始祖而下，皆各奉祀於其六世祖祠。公以春秋祭饗，兩房兄弟不相會，故情隔而誼薄，乃與族人謀建大宗祠，而自墊巨資以爲倡；又以不知始祖墓所在，躬自走尋河源，得諸永安縣塘尾山。自是兩房子姪皆重其祖所自出，而及其祖之所出，相敬愛若一家。公更擴而充之。族中老而貧者，歲暮各餽果金，並建南山方便所，遠近貧而病者咸賴焉。鄉中有蓼水通珠江，沙淤水淺，公力爲疏濬。其南有路，經大宗祠入文瀾門，爲諸鄉通衢，雨潦多失足，復爲倡修，易之以石，遂成坦途。至於賑饑周急助娶賻葬及練團興學皆勉行不倦，若嗜芻豢然。蓋公性稟先傳，讀書深入儒窟，知孔子之教，不爲浮屠之出世而無家，不爲基督之尊天而無祖。人治必依於仁，仁本於孝，孝於父則同姓親，孝於母則異姓親。推類盡義，所謂天下一家、中國一人之理，即由此立。荀子論治所以必觀於鄉也。① 故其訓子孫曰："凡事對得起祖宗，乃可爲人。"又曰："不爲一二有益於人之事，便無以對祖宗。"嗚呼！公之志可知矣。公學重實行，而時喜吟咏，著有《耕雲別墅詩集》、《詩話》各一卷，《詩學要言》三卷。以宣統三年二月初五日戌時終於家，壽八十。有二配，同邑新橋鄉周氏，封淑人，壽八十有七，合葬縣南樟邊鄉老虎岡。子十：寶親、寶瓛俱中議大夫，封公如其官；寶理、寶珍，國史館謄録；寶賢，佾生；人俊，功臣館謄録；寶鏘，登仕佐郎；俱周出。寶源，修職郎；寶照，太學生；寶熙，登仕郎；則側室張孺人出也。女一，孫十六，女孫二十，曾孫十二，曾孫女十。公與大儒陳澧善，諸子多從之游。四子寶珍最知名，早卒，葬公墓右。孫慶時爲大璋門人，求銘石，銘曰："不仕於國，克治於鄉。親賢樂利，美於周疆。不嗇於德，用載厥福。疇叶考終，子孫其毓。樟木森森，虎岡巖巖。千秋片碣，弗朽弗刊。"

　　寒山寺以"夜半鐘聲"之句得名，其佳處在詩，不

① 見《荀子·樂論》："吾觀于鄉，而知王道之易易也。"按：《禮記·鄉飲酒義》亦有云："孔子曰：'吾觀于鄉，而知王道之易易也！'"

在鐘也。而其鐘竟因是而見重於世，猶所謂因文而傳者耳。聞某國人乃以重金購去，而蘇人又捐巨金鑄鐘補之，一若可無此詩，不可無此鐘也者。買櫝還珠，殊屬無謂。然文衡山草書張詩石刻完整可讀者，至今僅存二字，可見摩挲椎拓者甚多。亦足爲前人不偏重此鐘之證。

有挽林氏少婦者，其對比云："孤山月落哭梅花。"用林逋梅妻故事，甚爲貼切，語亦哀艷。又有句云："記從林下認梅花。"則林氏之戚所作，尤極運用之妙。

壬子春，余與曾季鏞訪礦塋於肇慶，嘗以薄暮采菱瀝水中，扁舟容與，清風徐來，拍槳高歌，不覺忘返。余戲爲采菱詞云："低頭采紅菱，扁舟夕陽裏。勸君莫太忙，菱花照春水。采菱莫傷根，根傷菱無著。吹去復吹來，春風太輕薄。采得新菱角，嘗來味最清。不嫌多取虐，一匊贈吾兄。菱絲復菱絲，那忍輕摧折。緩緩刺船過，記君手曾擷。"兩兄均有詩紀興，備極山水友朋之樂。此情此景，於今猶往來心目中不置也。

園林之佳者，余多未之見。余所見者，以北京三海、蘇州留園爲最。若廣州第一公園，平排對舉，儼如棋盤，是直晒布地耳，不得謂之園也。

　　慈利，古崇山在焉。余昔過此，值天欲雨，俯仰皆是白雲。嘗有句云："回首望同行，都在白雲裏。"旋改"回首"爲"俯仰"，然終不愜意。頃讀《羅浮集》"不登雲上山，不見山下人"句，[①] 不覺叫絶。

　　北京牡丹，在昔只有崇效、法源二寺供人游賞。自頤和園、萬生園開放後，乃增二處。然離城均遠，新華宮雖每年必開游園會，然不常開，於是中央公園後來居上矣。中央公園，社稷壇遺址也，地在內城之南，最爲適中。古柏參天，時花滿地，固不徒以牡丹著。而游人雲集，則始於牡丹之開，至荷花開而極盛，菊花開而漸衰，開至梅花，又闃其無人矣。誠令人生冷暖之感也。

　　梁震東歷使歐美，屢爲華僑出力，晚近一外交家也。辛亥適使德國，聞變而歸，隱於香港。旋患喉疾，遍延港中歐美醫生治之，罔效；就醫日本亦不少減；然後徇家人之請，改延中醫，不半月而全愈矣。愈後復偏信西醫，以致舊病復發而不可治。外交人才又弱一個，海內外悲之。外父黃吉蕃先生，其母舅也，挽之云："記缶擊璧完，是能使中國敦槃生色；歎人亡邦瘁，奚止爲外家宅相興悲。"時推爲無間之言。

---

　　① 應指張維屏詩集之一，載《松心十錄》丙集。

陳重遠先生創建孔教大會堂於北京，己未秋丁行經始，禮祭告畢乃動土。先生執鋤先行，余與介弟廣遠執鍤隨其後，環行一週，以爲工人倡。翌年四月，基礎工程將竣，余以五月初六日爲母親六十一壽辰回家慶祝，並催粵中捐款。過滬謁南海先生，承贈言云："禮與時宜，道與天通。竭我神明，救我族邦。"今忽忽又數年矣，毫無補於族邦。每一念及，爲之報然。

有設帳於破廟中者，爲門聯云："教館教到妙處，讀書讀出神來。"妙與廟同音，已覺語妙雙關矣；而神字尤巧不可階，蓋其時並無門徒，猶言讀書者只有神像耳。此老固深得語趣者，而竟至於捲魁星。或曰世間之事莫名其妙者多矣，寧獨此老。

甲寅六月，余在藝社分詠蟬、吳梅村，有句云："偏有殘聲成別調，祇餘遺恨答前朝。"蓋深惡之也。乃更有使其子若弟爲開國功臣，而己則自命爲遺老者，廉恥盡喪，名利兼收。或且慷慨激昂，形諸筆墨，欲並以欺天下後世，而天下後世亦將並受其欺，則又恨不起梅村諸人於九原，而一笑其愚矣。

陶然亭之東北有錦秋墩，墩上有塚，塚上有碑，碑前有"香塚"二字碑，陰有銘云："浩浩愁，茫茫劫，短歌終，明月缺。鬱鬱佳城，中有碧血。碧亦有時盡，血亦有時滅。一縷香魂無斷絕。是耶非耶，化為蝴蝶。"銘後有詩云："飄零風雨可憐生，香夢迷離綠滿汀。落盡夭桃又穠李，不堪重讀瘞花銘。"或云蓋即香妃之塚，所謂"明月"者指寶月樓也，"碧血"者指縊死事也，"香魂"之香，暗言香妃也。香妃，回婦，乾隆帝聞其美，生得之，擬立為妃，妃誓死拒，太后聞而縊殺之。清制，妃未受冊選者，死不得葬於陵。帝既深悼，人難再得，密諭親信、內監潛瘞遺蛻於此。塚旁又有鸚鵡塚。鸚鵡，故粵産，橫死都下，主人憐而葬之，俾附美人以傳云。

苦惱與疾病相因，苦惱亦與智識相因，而智識又與疾病相因。然疾病也，苦惱也，人皆遠而避之，而智識則苦苦相求，惟恐其不得。所謂知二五而不知一十者歟？老子棄智之説，誠經驗有得之言也。

先君嘗偕劉德饒丈游七星巖，唱和甚歡。其後丈刻先君題句於巖壁。十姑母云在光巖口，侍先大父游巖時曾見之。但丁未之游，余及谷堂弟遍搜不獲，不知其詩即遺集所載《光巖詠懷》否也？敬錄於此，以為他日訪尋之一助。詩云："古洞盡日看不足，峋峋嶙嶙絕塵俗。世間若此景無多，遠隔關山可奈何。願教力士肩隨返，與我門前去不遠。二三知己聞俱來，令他相見皆恨晚。

茅檐款客無甚物，清酒百壺堪敬佛。還期各盡主人歡，
莫使空將游駕屈。嗟嗟素願恐難償，飛來有寺近荒唐。
天臺雖遠能再到，余心豈肯讓劉郎。"

康熙錢可分爲兩種：其一，一面漢文四字，一面滿
文二字；其又一，一面漢文四字，一面漢滿文各一字。
而此一字之漢文，又有二十種之不同。俗名曰字錢，彙
合二十字，謂之一副。排列之次序爲：同、福、臨、東、
江，宣、原、蘇、薊、昌，盦、河、南、廣、浙，臺、
桂、陝、雲、章。[①] 其字疑爲當日錢局所在地名，至其始
末，則余未之前聞也。偶憶及此，記之以俟考。

《傳》曰"男女同姓，其生不蕃"，[②] 故孔子之制，
同姓不得相爲婚。而西人則於旁系三等親便得結婚之自
由。此不惟風教攸關，種族之强弱亦將繫之，萬不宜舍
己而從人者也。

余治英吉利文學十年，了無所得，惟於韻學小有領
悟耳。雙聲疊韻之別，昔人每難乎言之。詎初治英文，
稍知拼音，即明若觀火。蓋同子音爲雙聲，同母音爲疊

---

① 編輯注："盦"同"寧"，南京。
② 語出《左傳》。

韻，如是而已。至於反切，亦不外拼音之法。惜吾粵方音與中原不同，不無多少隔膜。或曰："蘇東坡《戲和正甫一字韻》詩，末二句云：'改更勾格各塞吃，姑固狡獪加間關。'① 以東坡之聰明，亦用間關二字，致混叠韻於雙聲之中，如子言，無乃太易？"余曰："譬如猜謎，揭破之後，婦孺都解矣。"

釋氏之書，最精於演繹。《維摩詰所説經》之説病，《瑜伽師地論》之説施，其事爲人人所共知，而條分縷析，亘古今中外，鮮有如是之詳細者。余少時酷愛之，以爲凡學文者，不可不熟讀也。頃讀《浮邱子》一書，條理清晰，列舉靡遺，亦若有得於佛書者。然用筆整齊而無變換，行文條暢而少含蓄，未免美中不足耳。但偶一讀之，於演繹之練習，亦未嘗無小補也。

甲寅四月，鐵石道人由豫入都。適芍藥盛開，余與藝社同人讌之棗花寺。道人有詩云："十年不入長安市，幾多紅羊浩劫事。宣南南園作行窩，得見故人如隔世。中有太邱自註：陳楚卿與休文自註：沈太侔，握手下淚意何云。招邀詩人老畫師自註：主客中姜穎生、嵩彥博、汪鷗客、李雨林，善畫；易石甫、慶博如、辛仿蘇、鄔伯健、李山園、陳哲甫、金實

---

① "勾格"應作"句格"。

齋、孫谷紉、許守白、張滄海、張立群、蕭雪蕉、張毓皖、許游仙、太伈、楚卿，皆工詩。共來禪院迎紅曛。金子治饌沽美酒，蕭陳狂呼酌大斗。細論詩畫談風月，階前芍藥香入牖。幽賞未已來佛徒，捧出紅杏青松圖。謂是老僧流傳物，題詩成卷牛腰粗。老僧與我同情致，英雄没路空抛淚。時不可爲耽風雅，方外曾拜上方賜。續讀馴雞圖一幅，綠紗窗下驚凡目。有此足以鎮山門，且使空門人不俗。我感知己情何長，更爲群公進一觴。或爲新交或故交，半屬同鄉半異鄉。廿一人中我獨老，無所用心食必飽。莫問明年何處重相逢，但願人壽月圓花長好。”追思昔游，猶在心目。今穎生、石甫、實齋、楚卿及道人都化爲糞壤矣。余題太伈《楸陰感舊圖》云：“斜陽庭院滿蒼苔，獨立蕭蕭未忍回。別有深情人不解，當年誰爲牡丹來。”蓋謂此也。道人姓黃名璟，字小宋，南海人。

壬戌二月，黃穎傳內弟約余與伍叔葆、梁小山、徐固卿諸老泛舟珠江。時烟雨迷濛，如行畫裏，莫不顧而樂之。或曰：西湖之景無一不宜，而珠江則僅宜烟雨耳。或曰：此其所以烏烟瘴氣也！衆相視莫對。古人云“今夕只可談風月”，[1] 詎風月亦有不可談之今夕乎？

---

① 語出南朝梁徐勉，見《梁書》、《南史》。

"東閣官梅動詩興，南極老人應壽昌。"張文襄挽何小宋聯也。黃日坡先生盛稱之。或以爲並無哀挽意，不合作挽聯。余謂此正其合作處。凡對於富貴壽考之人，其挽聯當可與壽聯通用。戴文誠卒，陳簡始飭屬代擬挽聯，屢易稿，均不當意，戲以壽聯進則擊節歎賞。此物此志也。

余以患痔，向不食椒。及游長沙，尚持此戒。過石門而咳作，至慈利而益劇，經旬不已，百藥罔效。時與伯庸同爨，一日將食，先以熱湯一海碗進，請余試之。余以甘對，則強余盡之。詰其爲何物，不肯言，但曰覺其甘則甘之，雖飲酖可也。余以其言中有物，一飲而盡，咳亦頓止。怪而問焉，則胡椒燉雞也。且申言曰："子初來，吾知子必不肯食椒與雞，然吾又知子之咳非是不能治也，故爲子特設而不明言。及子甘之，吾知子之必愈矣。蓋食物與身體之關係，舌實司之，感覺最神，辨別最速，稍不合食，則雖美味亦不見其可口，若可口者，則必合食者也。"余曰："斯誠創論哉！"伯庸曰："神農嘗百草，固先我四千年而應用之矣。"自是，余乃敢食椒，而痔亦久不復發。

褚九雲先生以所著《石橋潛書》見示，考古論今，直抒己見，中多獨到之論。有云："今銷用中國貨，禁用外國貨，海內志士不啻大聲疾呼，見於各報端者，至再至三矣，未聞有禁讀外國書者。夫銷用外國貨，僅以耗吾財；而銷用外國書，將以移吾心而澆吾俗。其傳染風化，有甚於塞種緇流萬萬者，不吐棄之，而惟吸收之，吸收之不已，且將有取彼所謂贅言廢語久斥不用者，亦拾而珍之，如宋人之喜燕石，不顧有掩口葫蘆於其旁，積以歲月，將舉吾神州四百餘州之原野，鞠爲黃茅白葦，供人之斬艾踐踏而已。”又云：“自剖解行而廉恥喪，以洗髓伐毛之技，而施之閨房蒸澤之人，形體賤若犬雞，性命付之呼吸。《雜事秘辛》所載，猶老婦手段也，今則以華陀爲吳姁矣。司馬溫公曰‘餓死事小失節事大’，[①]余亦曰‘病死事小喪恥事大’。”以上二則，乍視之若甚迂者，然細思之，卻有至理存乎其間，非新少年所能。夢到子良先生云：“老去方知新學誤，病來恨讀內經遲。”嗚呼！行之固艱，而知之亦未易也。

辛酉余主小山丈家，課其孫嘉官、嘉彬讀，[②]因得遍讀所作。愛其《紅豆》云：“紅豆花前有所思，夕陽無語立多時。何人撧笛西風裏，吹送閒愁上鬢絲。”

余少時讀龔定庵《說居庸關》，即已悠然神往。及游

① 語出程頤，非司馬光。

② 嘉官，即經濟史家梁方仲本名。弟梁嘉彬，亦史學家，以《廣東十三行考》聞名；祖父梁慶桂，號小山。

北京，始克與韜若往游。由南口騎驢約十五里，至關城之南門，兩山夾峙，下有巨澗，關城自山頂蜿蜒而下，跨澗復蜿蜒而上，以至他山之頂，懸崖峭壁，洵天險也。其北有臺，純以白石爲之，四周刻佛像，兩旁刻西域文字，余以未習，不知爲何等言。更北爲八達嶺，有"北門鎖鑰"四字，相傳明袁督師崇煥所書，是爲關城之北口。南望居庸，若建瓴，若闢井，昔人謂居庸之險，不在關城而在此嶺，信然。此地在昔時正當爭戰之衝，厭肉流血，不知凡幾，俯仰憑弔，爲之黯然。得句云："如此江山斷客魂，塞雲漠漠欲黃昏。半林霜葉紅於血，卻爲阿誰補淚痕？"

廣州大佛寺以佛像偉大得名。余少時游此，嘗震而驚之。及游京師，見雍和宮大佛，則覺大佛寺之佛渺乎小矣。後游大同，見雲岡大佛，又覺雍和宮之佛亦不足以言大矣。孔子謂"登東山而小魯，登泰山而小天下"，蓋有難乎其爲五嶽歸來者矣。昔有以迴文聯首"客上天然居"徵對者，或以"人過大佛寺"對之；然則"寺佛大過人"殆大佛之註腳乎？然以是言大，則無佛不大矣。然不以是言大，則又將無佛敢稱大矣。而人之大之者，日出而不窮也，月異而靡定也，則終亦各大其所大云爾。夫各大其所大，則大佛之名將不立；而各大其所大，則大佛之名又已成。故大佛云者，亦惟釋之曰"寺佛大過人"可已。

石甫博聞强記，[1] 敏悟絕倫。所爲詩鐘，能以僻典見長，對仗工巧，無出其右。嘗雅集陶然亭，戲以書名屬對，至《荆駝逸史》一條，石甫以《翼駉稗編》對之，搖筆即來，不假思索。及揭曉，無第二卷，而座客又無不知有此書也。其思力獨到，往往如此。

諸侯之寶三：土地、人民、政事。故國字从囗、从或。囗，疆界也；一，土地也；口，人民也；戈有執干戈以衛社稷之意。自國體變更之後，或以民國主體爲民，改書作圀。學者多非之。余按：《三級浮圖頌》："布錦干城，散綺萬圀。""國"書作"圀"，六朝已然，固非今人之臆造。但按諸三寶之義，仍不如从"或"之美備。即參以西人土地、人民、主權爲立國三要素之説，亦當从"或"而不从"民"。雖"戈"有流於軍閥之嫌，然國界未破，苟欲保持其主權，恐未能遽廢軍備耳。

科舉時代同歲中式者謂之"同年"，自會同年之後，每歲必有團拜，因是而生年誼，更因是而有"年伯"、"年姪"之稱。樊樊山贈姚嶧雪先生聯云："偶論文章思

---

① 易順鼎，字實甫，亦作石甫。

老輩，久停科舉愛同年。”前輩流風概可想見，直是一則風俗史，不徒以聯語見長也。

乙卯之夏，日本以二十一條款脅我國，我國不從，乃下最後通牒。當此危急之時，北京南下窪叢葦中忽起怪聲，如牛鳴，每晨輒聞，連日不止。往觀聽者幾於空巷。或謂甲午之役亦嘗聞此，都人乃益震驚矣。警署患之，使警察田焉，得二鳥，其名曰“水駱駝”，怪聲遂息。而條款亦遂簽押。時余在北京，與可興社諸友為《蘆塘水鳥歌》以紀之云：“晉師將出柩有聲，都人驀地群相驚。相驚未已復相笑，一鳴驚人莫名妙。有鳥有鳥伏蘆中，不飛不鳴如蟄蟲。甲午以來二十載，一旦疾呼聲滿空。鳥兮鳥兮有知否？哀號端不居人後。風雨飄搖曾幾時，覆巢又見狂童手。巢雖不覆亦鳩居，前路悠悠痛有餘。且逐鶯啼驚妾夢，好催螳臂擋戎車。戎車既駕休悁怯，男兒可殺不可脅。君不聞南宋君臣一念在偏安，中原遂墮茫茫劫。浩劫茫茫可奈何，危巢春燕歡聲多。危巢春燕歡聲多，休矣蘆塘水駱駝！”

《荀子·非相篇》言：“相形不如論心，論心不如擇術。”可謂名言。然按諸事實，相人之術，亦若有不必不道者。觀夫相馬、相貓，均有奇驗，可知人亦有然。惜市井之徒吉凶禍福言之太鑿，致為有識者不齒耳。余於此道未嘗學問，且頗主張人定勝天之説，遇善相人者，雖名滿京外，如鄭頌珏，亦未嘗過而問之。誠不欲以吉凶禍福亂吾之心意也。嘗觀歷代帝王畫像於紫光閣，開基之主必英偉，其後則敦厚，再後則清秀，最後則孤寒。歷代皆然，若合符節，爲興爲廢，一望而知。益悟相之不必非，而亦不必瑣瑣吹求也。

唐氏女與凌氏女同學，課餘輒訪凌，因而結識其兄錫濂，久之訂婚焉。錫濂游學北京，唐送至香港，爲之淚下，深情若揭，人咸羨之。不數月，唐忽提出離婚，謂其意志情感絶不相對。韻事喧傳，昔之豔羨者遂如冷水澆背。錫濂，瑜宸丈之子也。丈有訓錫濂書，至足傳誦，亟録之："三月五日來函，閲悉。此等事，以舊社會觀念觀之，則非所願見。今不幸而有此等事發現，益歎少年人容易爲感情衝動，故愛之易，而棄之亦易也。反不若舊社會盲婚制度，只有父母主持，彼少年男女委心任命，篤信因緣，不敢爲越軌舉動，足以維持社會風俗道德。但今日爲世界新潮所逼壓，予爲是説，未免不合時宜，然遇此等事，不免激刺而思復古耳。閲唐女士致汝函、汝復渠函，情事顯然。彼既無心於汝，汝當磊磊落落，圓滿答覆之，甚中我懷。誠以彼既反心，則曲在彼；汝稍卑戀，其曲在汝。彼既決絶提出離婚，汝亦委婉副其所請。真所謂'雁過長空，影沉秋水。雁無留跡之意，水無留影之心’，① 只有我蓼岸老人增一度感喟耳。唐女士提出離婚之意，汝試忖度其第二步是何心，汝試忖度其背後還有人否？此等女士，豈足爲吾媳？豈足爲汝妻？大丈夫患學業之不成，功名之不就，束身修行之有乖。漢武帝謂‘天下多美婦人，何必是’，② 古今中外英雄豪傑，未聞有患無妻者。汝經此次教訓，益當勉修學業，奮勵前程，毋令此水性楊花，得稱巨眼。則我縱損失十倍百倍千倍萬倍，何所容心？今特復汝，如汝所請，一面着人通知唐家，解除家庭所訂婚約，書帖務必取回，禮物一聽還否。曾文正云‘大丈夫爛牙和血吞’，我雖貧，亦決不示弱於人也。勉汝所期，無辜吾望。切囑！切囑！”

　　林琴南不識外國文而譯外國小説逾百種，海内言譯書者，莫不知有琴南也。琴南之翻譯事業，必與人合爲之，一人執卷口譯，琴南則聽而受之，筆而述之。故脱稿易而出書多。余謂譯書之事，不特不識外國文者當如此，即識外國文者亦當如此。有分功之效，無才難之歉，尤覺事半而功倍也。

卷一終

─────────

① 　語出北宋天衣義懷禪師，“秋水”原作“寒水”，“留蹤”原作“遺蹤”，見《五燈會元》。
② 　語出春秋時原楚國大臣巫臣，非漢武帝之言，見《左傳》。

卷　二

余昔爲《南村草堂筆記》，於邑志無翁山，嘗慨乎言之。後在京師圖書館見康熙二十五年孔興璉《番禺縣志》二十卷，其十七卷經部有《易外》，史部有《四朝成仁録》、《廣東新語》，俱直書屈大均撰，與李志不同。① 文字之獄令人談虎色變，於此可見。

辛亥十一月，革命軍設臨時政府於南京，邱仙根先生所謂“坐領東南控西北，金陵仍作帝王州”者也。一時志士雲集，登臨憑眺，間有發爲詩歌者。蔡秋農《游清涼山》云：“六代興亡多少恨，于今都付翠微間。我來亦爲興亡事，偷得餘閒且看山。”或謂軍書旁午，安有餘閒？余曰：“既有名山，安得不閒？”此偷字之所以特下也。

_____

① 李志指同治《番禺縣志》，李福泰修，史澄等纂。

梁醴泉丈素詼諧，一日與群儒集其兄小山丈家，談次忽問曰：“姑丈之外父如何稱呼？”或曰當稱姻丈，或曰當稱太姻丈。爭論未決，甘仲適至，丈扶之向小山丈，使稱太姻丈。遂爲之哄堂。甘仲，小山丈之孫也。

讀翁覃溪《粵東金石略》，至《九曜石考》，得始祖鄉賢公題字云：“長樂靈谿之源，楚相潁川之裔。① 烏飛於左，春藻其缺一字。有宋乾道，歲在丙戌。藥洲之濱，缺一字似攜筇放逸。曜石星羅，② 鐼之以筆。”覃溪跋之云：“《通志》，鄔大，河源人，南宋時通判廣州。此在拜石右下之第三段。余按：《廣東通志·選舉表》，有鄔大，《列傳》有鄔大昕，均云河源人，政和二年進士，任廣州僉判。覃溪所云，當係根據《選舉表》，然同是姓鄔，同是河源人，同是政和二年進士，同是廣州僉判，名雖小異，未必爲兩人。果爲兩人，《選舉表》不應僅登其一。又按：吾家族譜，宋時以河源人通判廣州者，僅一鄉賢公，無單名諱大者。而《惠州府志》亦無鄔大其人，可知《選舉表》之鄔大即《列傳》之鄔大昕。大約付梓時漏一昕字，校對者未之補正，而覃溪亦未之細考，故沿其訛耳。余既讀竟，即往訪之。石在洲中，故無恙也。

---

① 編輯按：原作“潁”，應爲“潁”。
② 編輯按：原作“曜”，應爲“曜”。

惟出水僅尺餘，二段以下爲水所淹，欲拓無由，廢然而返。復憶五世祖公相公墓誌云："大昕游學河源，於政和二年成進士，後僉判廣州，鑿川濟溺，人皆德之。挽留不去，寓廣州之白蓮池，遂爲鄔氏南遷之始祖。"而吳任臣《十國春秋註》①、屈大均《廣東新語》、張明先《學署考古記》以及《廣州府志》皆云白蓮池在藥洲之後。鄉賢公既寓於白蓮池，則題字者必鄉賢公無疑。惜不明題姓字，致留疑案耳。然此疑案實始於《選舉表》，而成於《九曜石考》，一時疏忽，千古傳疑。乃世之刻書者，往往以校對之任委諸不學之人，殊可歎也。

壬戌五月，新造掘得大番薯一根，長二尺有奇，重達三十五斤。老農以洪楊發難時曾一次掘得，謂天下從此多事。新學家群以迷信罵之，或且謂其造謠惑衆。詎六月十四日，新造全鄉竟被洗劫，鄉人死者二十三人，損失數十萬，創巨痛深，不減於咸豐四年。先是，十三日有軍隊數人乘小火輪至新造，某店伴攜銀二百餘元與之遇，爲所奪。鄉人以爲賊，擊退之。是日清晨，復有軍隊數百人分乘小火輪六艘自長洲來，蜂擁上岸，並有大砲及機關鎗掩護之。鄉團、商團既均敗退，軍隊遂挨

---

① 吳任臣所著爲《十國春秋》，非《十國春秋註》；他另有《山海經廣註》，疑爲鄔氏誤記。

戶搜掠，由新造墟而大園而白文邊，無倖免者。若家無長物，則毀其屋瓦。每遇男子，輒鎗斃之。白文邊有一婦人，因曾經纏足，且攜同數齡少女之故，走避不及，並拒其強姦，亦被鎗斃。所有財物以大船數艘運載而去。不逾時又復回，如是者三，蓋不只"如篦"矣。① 此番浩劫，並非土匪爲之，老農未必早有所聞，而其言之應驗如此。

田園風景，以余所見，無有及蘇州者。曲港小橋，花明柳暗，天然之美既已絕倫；而其建築又多含有畫意，竹籬茅舍，淨几明窗，地雖不多，而布置井井。往來其中者，大率明眸皓齒，自饒風致。展卷臥游，不是過也。吾粵順德，明秀之處略可比擬，至於人工之點綴，則未免有遜色矣。然劫擄頻仍，人不安居，即移蘇人居之，亦且奈之何哉！

余嘗侍子良先生至板橋訪黎忠愍遺跡，② 又弔"十

---

① 舊諺有云："賊來如梳，兵來如篦，官來如剃。"

② 黎遂球，廣州番禺板橋鄉（今南村鎮板橋村）人，明末以抗清殉難，謚忠愍。善詩文，工畫。

今”於海雲途次。① 先生得句云：“通家老輩多詩卷，勝國詞人問板橋。”屬稿未定，匆匆回省。其後聞已足成，並爲蔡哲夫書之。蔡旋去粵，原稿亦佚。渴想數年，不可得見，未知何日始獲快覩耳。

世常以蛇、鼠並稱，其實蛇、鼠之性並不相似。捕蛇之手，須柔若無力，蛇始柔服，稍緊便反噬矣；捕鼠之手，則須剛而有力，鼠始慴伏，稍鬆又反噬矣。或以剛克，或以柔克，其不同如此。

己未之歲，易蘭池丈年七十有九，鄉舉重逢，孟徵先生壽以聯云：“建同治元，補咸豐試，粵中兩己未，實竝無科，無科而有科，一再宴且寵錫龍章，漫説美人遲暮；生道光世，抱宣統孫，宇内幾滄桑，共推遺老，遺老乃大老，八九年更重題雁塔，都容我輩饕軒。”蓋丈爲同治壬戌恩科併補行己未恩科廣東鄉試舉人，戊辰科進士，故云。

梁文忠每聞人竊其墨迹，② 輒掀髯而笑曰：“雅！

---

① 明末天然和尚函昰受邀至海雲寺（原隆興寺）作開山祖師，門下有今字輩詩僧，號“海雲十今”或“雷峰十今”。海雲寺原址在今南村鎮員崗雷峰山。

② 梁鼎芬，諡文忠。

雅！”故其墨迹多入於親近之手，其家無有也。卒後，前清攝政王使人至其家求一聯，衆苦無以應。其老僕自陳嘗請文忠寫一聯，四條幅均無上款，願以聯進。此聯遂爲内廷之物。條幅有知，其感慨當何如也！

俗名有極雅者。江中小魚移殖於塘，謂之魚花。以火焙卵，孵化成雛，謂之雞苗。珠江之南業雞苗者頗衆，魚花之業則惟南海九江人能之。蓋非富有經驗者不能舉網而得魚也。

楊幹周於廬旁作亭，松枝爲柱，蔭以藤蘿，題曰“捫蝨”。余嘗題詩壁間，其兄穎堂次和余韻，有句云：“當世誰爲王景略，茫茫四顧野花紅。”[1] 余曰：會心處正不在遠耳。

己庚之間，義大利國詩人段龍秋發起歐亞飛行團，庚申三月飛抵北京，都人士同到南苑歡迎。[2] 因義國對華一案業已表示好意之故也。時余在北京，躬逢其盛。聞

---

[1] 王猛，字景略，曾與桓溫“捫蝨”而談。

[2] 庚申，1920 年。此事應指意大利詩人、冒險家加百列・鄧南遮（Gabriele D´Annunzio）發起的歐亞飛行遠征，由羅馬出發，途經阿拉伯、印度、中國，最後到達終點東京，爲航空史上首次完成跨越歐亞的遠程飛行。

起程時共飛機十一架，先後在亞拉伯、印度洋遇難，現僅存兩架耳。一時形諸筆墨者甚多，余最愛京師商務總會、教育會、報界同志會合上之頌辭，誌之如後："溯自水火利用，卦占既濟之文；輪舶往來，首創交通之器。轉瞬千里，[①] 概遠而惟見長江；汽笛一聲，韻止而徒餘明月。臨河者，免望洋之歎；出花者，虢迷路之難。意匠乃愈出愈奇，器物已可驚可愕。近復新生簇簇，想入非非，扶搖而行，騰空以去。橫舟野渡，變魚躍而作鳶飛；歸馬華山，任驥伏而瞻龍化。茲際陽回黍谷，暖入杏樓。我有嘉賓，技藝壓衣冠萬國；君誠高士，飛行在烟露重霄。萬里遨游，辱臨敝邑；一朝涖止，光照首都。震耀中西，俊彩如馳。星宿不違咫尺，驕子常近天顏。騎鯨直等青蓮，且到大羅寄跡；跨鳳儼同弄玉，無須夜月吹簫。春水桃花，船真天上；秋山楓樹，家住雲間。槎進銀河，張騫可通西域；酒攜赤壁，飛仙且挾東坡。身傍斗牛，來此絕境；手扶雲漢，分去天章。求良友以喬遷，羨君子之上達。道則高矣，孔門真有階可升；技誠神乎，將軍直自天而下。馳驟則撥開雲霧，笑語則震撼五京。四顧茫然，到此已窮千里；眾山皆小，何須更上一層。九萬里鴻鵠高翔，瞬息間鯤鵬變化。上窮碧落，圜空則星斗當頭；隔斷紅塵，世界真烟雲過眼。夕陽一綫，人

---

① 原作"于"，誤，應爲"千"。

放紙鳶；仙路三乘，使通青鳥。伴姮娥以奔月，同列子之御風。邈矣難求，發新機於世界；高難幾及，生遐想於都人。可能與子同行，步青雲而直上；俾得昂頭蹶起，扶紅日以俱升。階梯縱隔雲霄，志氣不甘汙下。瞻彼高高在上，直堪代表夫貴邦；顧我卑卑無奇，且欲追儕於先進。誠千載一時之遇，盡兩國一席之歡。仰摭蕪詞，以申忻頌。並祝大義國歐亞飛行團萬歲！大義國萬歲！中華民國萬歲！"

馮侗若姻伯壽先大父重逢花燭，有"生就神仙富貴家"之句。先大父嘗謂：富貴不敢當，神仙亦不敢讓。蓋我家五世公相公始遷南村，壽六十六；六世秀峰公壽七十五；七世宗政公壽六十九；八世兆禎公壽八十三；九世世餘公俟考；十世慶流公壽九十二；十一世玉鉉公壽八十八；十二世閑略公壽八十四；十三世頤庵公壽八十三；十四世巽峰公壽六十九；十五世古岡公壽六十二；十六世彩珍公壽八十四；十七世懷真公壽九十七；十八世潤璧公壽五十四；十九世建南公壽七十八；二十世宗石公壽七十二；二十一世潛居公壽七十九；二十二世諧石公壽七十二。是為曾大父一脈，相傳皆為壽者，故如是云云也。

徐精一有藏書癖，嘗在余案頭見黃詔平先生詩草，[①]
讀而愛之，屬余爲乞一部。時先生適游南洋，未及報命
而精一去世。余有句云："何時又掛延陵劍，遺恨長縈倚
劍樓。""倚劍樓"，先生集名也。精一嘗謂《倚劍樓詩》
如太原公子踢裘而來，[②] 余亦云然。

吳巖村句云："盡日東風散微雨，滿山紅遍燕兒花。"
燕兒花，一名燕來紅，茜碧色，瓣片片作燕子形，出九
谿江岸。九谿，古九溪，蠻之窟穴也。地殊險，而蠻花
狡鳥，時有別致，燕兒花其一也。

葉夢廬以相思豆和鐵老韻四首見示，其二云："細弄
相思豆，含羞未嫁時。怕人偷覷破，故道是燕支。"十年
前舊作，故應如是。若係近作，則宜急將羞字、怕字除
去。拿破崙之字典無難字，今日未嫁女子之字典恐亦無
此二字也。

雷州城外英榜山有雷祖廟，古迹也。符蟄予嘗導余
往游。中祀雷祖，左爲石公，右爲李廣。前列石人五，
皆作跪狀。云是苗人，舊爲雷祖所降伏者。陳賓臣有聯

---

① 黃景棠，字詔平，廣東臺山人，清末著名商人，號"羊城大
亨"。著有《倚劍樓詩草》。

② 本係唐傳奇《虬髯客傳》中形容李世民語，本作"裼裘而來"。

云：“生於雷，仕於雷，爲明神亦於雷，知顧德歆馨，不忘桑梓；宗稱祖，族稱祖，合衆姓並稱祖，視別聲被色，總是子孫。”雷祖姓陳，名文玉，南北陳人。其養父有一九耳犬，善獵，每晨耳動，恒如是日所獲之數。一日九耳皆動，顧終日而不獲一，後於其吠處得一大卵，持歸，而天大雷雨，卵破嬰見，即雷祖也。以養父姓陳，故從其姓。今雷州之雞罝陳，即其後人。特稱雞罝者，所以示別於陳也。有姊二，一十歲，一八歲，忽自言能乳之，及斷乳，同日死。而神童之名漸著矣，所言過去未來及千里外之事輒中，久之爲帝所聞，徵之入宮，屢建殊勳。帝徇其請，使官於鄉，乃築堤以禦水，築城以禦苗。工竣，與家人巡視至北門，有鶴飛來，乘之仙去。人以其手有文曰雷，遂以名。州並建廟祀之，至石公、李廣，則皆嘗以神兵助平苗患者云。

高天梅自號鈍劍，著有《變雅樓三十年詩徵》。乙卯之夏，索余題詞。余以匆匆出都，未有以應也。後在洞庭湖舟中得一絶句云：“政異俗殊風雅變，卅年陳迹在人間。天留鈍劍非無意，三百篇詩正待删。”顧忘其住址，無由寄達。至辛酉夏相遇於廣州，始録寄焉。而鈍劍已改號江南老劍矣。余因亦改鈍劍爲老劍。繼而思之，當仍作鈍劍也。

71

陳介石先生爲先君作家傳，余每讀之，是夜必夢見先君，必如所言倚胡牀高坐狀。余年甫十齡，而先君見背，乃十八年後復得長依膝下。先生之文，真不啻生死人而肉白骨也。謹録如後，以志弗諼："先生名寶珍，一名寶玩，字宏根，姓鄔氏；道源，其學者所稱號也。鄔氏自宋政和二年進士大昕，江右人也，任廣州僉判，廣州民不忍其去，以爲我慈父母也。遂留居南雄，更遷河源，爲河源人。咸淳七年，宣義郎翯遷居番禺之南山鄉，自是番禺之鄔氏爲名族，世有令聞，行義式其鄉人。先生自幼奉其父中議大夫啟祚之教，讀書喜自歛抑，與群兒異舉止。稍長納粟入國子監，以光緒己丑京兆試挑取謄録，籤分國史館，候選鹽課司鹽大使中議。公欲先生專肆力於學問文章，不責先生仕宦，故先生常家居。然先生負才學，於世務皆通曉，所居鄉有事皆取裁決於先生。衆人或紛糾不能理，至積歲時無以定，得先生一語，皆立斷。家人無老若壯，無少若長，無居膝前若在遠，聞先生之言，皆喜且畏。事親所調護無不至，皆先其意，所欲得冥會逆合，皆未發而喻。先生年未滿四十，於鄉里爲後進，然其間老成人，或好學有智識者，皆心折先生，以爲先生之才，得志行於一時，雖古人無以過也。先生雖久困不出里門，然其大有造於家族里黨者，人人皆能言之。邑人某兄弟媾訟，有司不能治，先生曉以大義，爲陳往昔故事，娓娓無倦容。因泣下，某相顧憮然，

亦泣下，遂不復訟。先生祖兄弟十人，其六人則曾祖妾
李氏、黃氏所出也。自嫡庶之辨過嚴，子孫不能念其先
人裕後之意，斷斷執常例相繩督不已，生者以爲戚，而
死者不得安。先生祖故嫡出曾祖母羅太夫人，值始誕及
其卒之辰，則由公箱中割產以致祀，有日矣；李氏、黃
氏獨祀卒辰，而誕辰則不祀。先生以其非禮也，力爭之，
曰：是獨非我曾祖母乎？夫以昆弟骨肉之愛，而令一本
之中畛域橫立，如先人何當？時有梗其議者，然卒以先
生言和者頗衆，族以大輯，先生之力也。某先生者，先
生之師也，家故宴乏，然爲人廉介，不受人餽遺，雖先
生與之不取也。迄某先生之歿，先生爲任殮殯及葬，必
豐以備；其子苦學無貲，先生爲擇師，出修脯之費，必
厚以供。族人某負先生家債不貲，責以償則當立破產，
先生爲告中議公及諸兄弟，焚其券。先生好義疏財，蓋
其天性也。先生善言，語常莊論而雜以諧笑，與人言無
不當，悉皆如其腹中所欲語。剖析毫芒，無微不達，故
雖當劇飲快談時激昂意氣，往往面舉人過，相痛責無稍
諱避，人亦不敢怨，亦無不感且悅者。先生尤能破流俗
拘墟之見，所論議必規於義理，不苟崇美談博虛譽。嘗
謂：兄弟之生，各自成人，宜早析家產，以令善者得保
其財，強者不能縱亡等之欲，恣其所爲。唐張氏九世同
居，以爲凡百皆忍，流其譽以迄於今不衰，固亦盛矣。
然人事不齊，一或觸觝，必有忍之無可忍之時。及其無

可忍，則前此之摯情美意盡成惡因矣。是亦好名者之過也。夫古誼浸微，澆淳散樸之已久，視家人若不相識，一物之微細僅毛髮，比以骨肉至戚而爭之，或相仇怨不少讓，以迄相殺相傷，自陷於禽獸之途而不之覺，人心不可問矣；然其良善，則又矯之太過，每自託於古人同居之義相戒勉，以爲至親無間，百世可保，而婦子少長之間切切相私語、積怨恨，以病其尊長，或抑焉自强制，相飲泣不敢溢於口。然亦若微聞之，而卒不稍變，且力爲之解，曰是必可忍也。夫所謂忍者何爲哉！是人間大不平之事也。先生之所見亦大矣。先生又嘗謂：家無富貧，生子一娶婦，即當給予一屋，使自爲一家室人，既可相安，而亦可令習熟世故，爲他日自樹立之地。夫父子異居，三代時所垂爲經訓，以告後世者也，如先生者，可不謂諳於禮而達於情歟？先生事親，既以孝聞，而於兄弟之間，尤怡怡終身無異言。年三十五卒，其將卒也，與其友戴少彭曰：“吾昆季十人，長者當無慮，獨慮季弟尚幼耳。”聞者知與不知，無不歎其言之悲也。先生所著文辭、詩歌，歿後皆散佚，惟存《智因閣詩集》一卷；其《吉祥録》一卷，則薈輯《易説》以爲立身處世之模則者也；《明珠》一卷，則彙取明儒諸學説以成之。先生卒後十八年，先生長子慶時以其父書並具其行事視余，乞爲作家傳，以詔諸後。陳黻宸曰：“先生，陳蘭甫先生澧之高第弟子也。蘭甫先生門人之盛，稱粤中最。蘭甫先生每稱許先生，以爲遠大之器，能振拔於流俗，以不懈於學。然先生不幸而早卒，悲哉！慶時爲余言曰：我父課慶時讀書甚嚴，而命受業於家攝樵夫子。攝樵夫子，今之篤行君子也。而慶時又曰：吾父生平喜飲酒，有豪氣，善琴歌，而尤工於洞簫。每當賓朋盈坐，酣醉無憀，淋漓作不平語不自禁，於斯時也，倚胡牀高坐，手執洞簫，目光四壁射若迅電，其聲嗚嗚然達於外。殆以是自鳴其轗軻不得志之情耶。然觀其處家庭父子昆弟間，又何溫溫無少戾也。嗚呼！先生可謂古豪傑之士矣。

崇效寺有《青松紅杏圖》，爲康熙時智朴禪師所製。師，洪承疇部將也，與清兵戰，敗於杏山松山之間；洪降，師削髮爲僧，繪此圖以寄慨。題詠極多，卷長三十餘丈。二十年前，寺僧質於廠肆，託云經亂遺失。後爲楊蔭北所得，癸丑九月送歸寺中。潁生作《移花歸卷圖》誌之。哲甫嘗有句云："青松紅杏如歸壁，更補城西一角樓。"余戲之曰："壁則猶是也，樓焉在？"哲甫自指其心曰："在西方極樂世界。"

吾粵民族，多於南宋時自中原南下，故溯所由來，莫不曰南雄珠璣巷。而傳世至今，均在二三十傳之間。惟坑頭鄉陳氏則云係晉將軍陳元德之後，現已四十餘傳。羅柱石句云："故家一一彫零盡，乃有坑頭說晉遺。"此詩見《連居閣親朋唱和詩録》。以數十年前之人，而研究廣東民族史，亦不可多得者也。

徐靈胎句云："一生那有真閒日，百歲仍多未了緣。"先大父易簀前數小時朗誦之，時僅覺食滯耳。母親聞而異焉，即使人告余省中。是日星期，余適在寓，頓憶昨夢，以爲不祥，急趁晚渡回家，猶及一見。至今思之，此詩彌余憾不少。

飛來鐘在嶽麓山上，徑不盈尺，斜倚枯樹，耳入幹中，樹皮穿之，無隙可尋，儼若生成。寺僧謂余蓋自天降，適止於此，故名"飛來"。余意此必寺僧假種花之術，故弄狡獪，造作神話以惑時人。時人不察，漸受其欺，後乃益神其説，遂并以欺天下後世。然自古名流，其名之由來大率類此，固不獨此鐘耳。

壬戌九月，京伶梅蘭芳應港商之招南來演劇。適李作屏邀余與馬崑佩、張逸然諸君爲西園之游，談及梅郎，有恨相見晚者。崑佩忽起言曰："他日梅郎到省，欲獻殷勤，不可不豫備張南山先生之聯。"逸然亟問："梅郎能愛吾先曾祖之墨迹乎？"崑佩指壁間聯曰："以此贈梅郎，焉得不動其愛？"蓋聯文："聞木樨香，見梅子熟；現優曇相，結蘭花緣。"恰切梅郎，而書法亦恰到好處故也。

北京上斜街番禺老館，潘德畬故宅也。潘出都，乃公諸邑人。梁長明題聯云：“何人慨捨名園，至今喬木餘蒼，春檻長圓花縣月；此地屢焚諫草，又見層樓聳翠，秋階新染柏臺霜。”出句指潘，對句則指陳香輪也。時陳官都御史，集貲重修，故云。余三次入京皆寓新館，未嘗寓此，然每過之，又未嘗不感潘之高義也。聞潘實購之於龔定庵，今龔契猶存，益令人發思古之幽情矣。

光宣之間，余讀曾卓公之詩甚多，均至哀艷，令人不忍卒讀。一別十年，不通音問，今春忽以一絕寄視，云：“何止緣慳願亦慳，家鄉如畫夢中還。宦情近似平湖水，底事浮雲浪出山。”詩境又一變矣。

長城、運河爲中國古代之大工程，黃河鐵橋爲中國近代之大工程，此人之恒言也。余謂長城長五千四百餘里，運河長二千五百餘里，洵足稱爲大工程。若黃河鐵橋則長僅六里餘耳，工程雖難，安足以言大？足言大工程者，厥惟民國。自今日以前二十年間，不知死盡幾多人民，費盡幾多金錢，而所成就僅一“中華民國”四字之招牌耳。以視黃河鐵橋，爲何如耶？

清季開經濟特科，初取梁燕孫爲第一。張文襄以梁卷用盧騷二字黜之，謂盧騷爲民約論之初祖，恐其爲民黨也。詎洪憲之際，梁卻以帝制黨聞於天下，而天下皆稱之爲財神，其經濟乃在張所取諸人之上。張可謂不知人。然張如有知，必且自負曰：此正吾之知人也。

戊戌維新，袁世凱實敗之。康幼博烈士死焉，癸丑十一月歸葬於西樵。時袁世凱爲大總統，稱帝之意漸漸露矣。余有詩云："好花留得與人看，看到君歸淚未乾。悼逝思存無限感，夜來風雨又驚寒。"起句烈士遺句也，原作云："迢迢香海小闌干，獨立微吟一笑歡。我亦平生有心事，好花留得與人看。"

嚴直方嘗集定庵句題穎傳《綺窗看劍圖》，沈博絕麗，傳遍都下。余出都時，叠和余韻云："乘風歸去瓊樓上，天馬行空華嶽低。聞道瀟湘風景好，洞庭湖外草萋萋。""腹中幾輩稱黃祖，目下何人奠漢畿。匹馬關河愁日暮，可堪垂柳尚依依。""細草蒙茸經雨後，好花招展壓枝低。欲推物競觀花草，紅自嬌妍綠自萋。""正聞關塞塵初滌，又報吟鞭動北畿。濁酒新亭無限意，別懷幽恨兩依依。"別又數年，詩境當更深矣。而近作乃不多見，望風懷想，殊切依依也。

石甫游羅浮，有句云："斜陽化爲月，走入萬綠中。綠亦化爲海，日入不得紅。"絕似仙根先生羅浮諸作。仙根先生魁梧奇偉，貌如其詩。余嘗以爲石甫之貌當亦如是，及相見，則一短小精悍者也。既而思之，兩家之詩，其別正在於此，向者未之細察耳。

讀《蕉野集》，愛其和友人韻云："朋舊有緣來劫外，江山如夢記從前。"亂後情景刻劃盡致，非亂世之人不能道也。

庚申正月，余在廠甸購得白桃花一株，盛以樹根形瓦盤，置於紙窗之下，如一白衣女郎淡妝伴讀，丰神娟秀，無與比倫。閒從燈下觀之，倩影亭亭，又若美人小影呼之欲出，覺八大胡同直無可逛之處矣。回粵後，每誦"唐棣之華，偏其反而。豈不爾思，室是遠而"，[①] 輒思此白桃花不置。

長沙史家巷大同旅館，吾粵湘者咸聚焉。常住者礪瑩、仲圖、仲鄴、靜山、素庵及余六人，而星期日則季馨、善餘、夑石、式如諸君必到談。仲圖喜詼諧，故仲圖之室座客常滿，而仲鄴與仲圖同室，時時手一卷杜詩，倚牀諷誦，雖高談雄辯聲振屋瓦自若也。嘗贈余詩云："高軒有作驚卿相，振翮圖南指沅湘。已報陳留迎阮瑀，

---

① 語見《論語·子罕》。

喜從京兆識田郎。客邊蘭芷添幽佩，夢裏桃榔憶舊鄉。如此湖山風月好，知君收取滿詩囊。"丙辰之後，風流雲散，惟仲鄰獨留，所謂獨立不撓者，非耶？

余曾游石巖三：西樵九龍巖，肇慶七星巖，慈利燕子巖也。九龍巖嬌小玲瓏，如美人；七星巖跌宕風流，如名士；燕子巖豁達大度，如英雄豪傑。

自韓昌黎謫居潮州，而潮州之山水有因以得名者，山曰韓山，江曰韓江，橋曰湘子橋。橋由潮州城外跨韓江而達於韓山，橋柱數十，疊白石爲之。兩柱相距約三丈，架以闊厚各尺餘之石梁七，梁之兩旁有小販店，過者不知其爲橋也。至橋之中，則列船爲浮橋，隨船之來往而啟閉焉。凡潮梅及江西屬之食鹽，皆由此輸運，故設潮橋鹽運副使以征之，潮橋即湘子橋也。

吾粵天氣溫和，花落花開終年不斷，故蒔花者除灌溉外，大半憑藉天時。然因是反不如北京。北京冬令嚴寒，無花可賞，乃以溫室濟之。擇南向之地，掘深數尺，上覆以屋，前檐僅高二三尺，後檐約倍之，四壁封以泥土瓦面，鑲以玻璃，發爐其中，使室中溫度常若春夏之交，因其高下而蒔花焉。而牡丹、海棠、丁香、碧桃、蘭花、石榴、菊花、梅花皆於嚴冬開放矣。惟玫瑰、芍藥，雖加以爐熅之力，不能易候而開。云是二花者，殆花國中之强項令歟？

甲子正月，余由鄉回省，過新步頭，遇看鵝者驅鵝千餘過一小橋。左驅則群趨而右，右驅則群趨而左，百計驅遣，至橋輒止。路人助之，亦復如是。一叟馳至，信手拾鵝約三四隻擲於橋外，呼曰驅之，舉竿一揮，群鵝一擁而過，爭先恐後，無一留者。余忽若有感，竊歎曰：得此，可爲王者師矣！

吾邑巨族，每隔數年輒聚族中。少年而命以字，字畢而飲，謂之“飲字”。字有一定，謂之“字派”。吾族字派即以光大堂寢室前“禮義繼宏才，厚澤遠培開大業；文章昭顯德，英賢毓起衍丕基”一聯爲之。自二十一傳起，順次沿用，一觀其字，便知其輩。余爲二十五傳，字曰楷才；重光兒爲二十六傳，則字曰雄厚。由此類推，爲用甚便。但此字派定於光大堂落成之時，二十一、二傳之人多不及見，故先高祖、先曾祖均另選字爲派云。

廣州臘鴨以臘自南安者佳，南安臘鴨又以產自廣州者佳。每歲之夏，桂陽人群到廣州販運鴨卵，回至英德，以火焙之，孵化之後運回湖南。恰值割禾，縱使拾食田間遺穗，至冬而肥，乃運往南安宰而臘之，復由南雄運至廣州，是爲南安臘鴨。廣州之南安臘鴨，實廣州之鴨，而非南安之鴨。南安之鴨，雖在南安臘之，不佳也；而廣州之鴨，若在廣州臘之，亦不佳也。一物之微，其與環境之關繫尚如此，人其可不慎所處乎？

余嘗謂與民休息爲今日之要圖，蓋弊以防而愈多，利以興而愈少，與其叢怨於政府，毋寧藏富於民間。余在財政部數年，未嘗獻一謀畫一策，蓋以此也。《微廬語錄》謂："政治之極軌在無爲，其次則有爲，最下則無不爲。"① 余甚韙之。

庚申四月余在北京，以母親六十一壽辰，攜大總統頒給母親"無間人言"匾額及褒辭、褒章，並各友贈聯，回家慶祝母親。展至徐雪庵"善伯喬梓金薤，茂庭闈菜；揚懿玉晨註籙，獲福延年"一聯，愛玩不忍釋手。謂其書法絕似復庵，而遒逸過之。余以捉刀人恰爲羅先生，對母親曰："復庵書法與年俱進矣。"②

余在家塾，得經學於家撝樵先生，得史學於何璧池先生，得文學於戴少彭先生，得理學於廖伯芨先生，而

---

① 《微廬語錄》，不詳。疑作者爲陳無名，字微廬，南社成員。待考。
② 羅復堪，號復庵，廣東順德人，書法家。

普通知識則得諸何先生爲多。舉凡煮飯、打鋪蓋、應接賓客等，先生俱一一詳示，並時時使之實習。以視今之改良教育，實有過之。先生嘗謂"今之爲師者，以養成書癡爲能事，而不知書癡之結果，窮則無以爲生，達則代人任咎。賊人之子，莫甚於此"云。

　　黃秀峰餉余鰣魚，肥美異常，余且食且語曰："此甘竹灘灘上之鰣也。"婦曰："何以知之？"余曰："憶鄭君穎《甘竹灘打魚歌》而知之。"歌云："打魚灘下鰣魚瘦，打魚灘上鰣魚肥。今晚打魚好明月，明月滿船郎未歸。"秀峰，甘竹灘人。此鰣之打自甘竹灘，可知其肥如是則打自灘上，不且有詩爲證乎？

卷二終

卷　三

高要縣署門前有聯云："勤種地，早完糧，父老有閒常課子；省費錢，莫告狀，鄉民無事少來城。"真爲民父母之言。余於丁未夏見之，今不知尚在否。

馮魯川官京曹時頗嗜碑版書畫，及出爲盧鳳道，有屬吏以宋拓某碑獻，亟命還之。其幕曰："何不一啟視？"曰："一見則不能還矣！此著名之物，不啟視尚可以贗本自解，若果真而精者，我又安忍不受乎？受則爲彼用矣。不見可欲，其心不亂，故不如不見爲妙。"余最佩斯言。

先大父晚年頗講養生之術，自爲方以釀酒，名曰"南山延壽"。嘗有句云："我有一樽延壽酒，與君同飲醉南山。"余編《耕雲別墅詩集》時因忘其上聯，未曾載入。附記於此，以誌吾過。

《桃花源記》當是陶淵明寓言，非必實有是地也。今乃以之名縣，復以之名山，是否屬實固不可知，然所出之石，中間空虛，環以虹彩，置之水中，鮮艷可愛，與美女、美酒同稱特產。靈氣之鍾，何其巧也。昔余過常德，屢欲往游，及客慈利，以礪塋兄之約，已買輿矣，亦不果行。殆猶未許問津歟？

九龍有宋王臺，臺南有村曰二王殿。臺於古屬官富場，宋益王昰與弟衛王昺泛海南奔，嘗駐蹕於此。村即以宋故行宮遺址得名。辛亥之後，諸遺老多避居焉。俯仰憑弔，發爲詩歌，蓋有未能忘者。吳玉臣先生句云："帝子不歸秋又老，頑山終古送斜陽。"蘇選樓亦云："倩誰更種冬青樹，望帝鵑啼咽夕陽。"所謂傷心人別有懷抱者耶！

湘人有奇術，術者咒水噀屍，① 一手開傘，一手以青竹枝揮之，屍即起，手扶竹隨之行。至死者家，闔傘，屍乃仆。客死者因運柩難，往往用之，雖行數百里而屍不變。余在湘中聞之屢矣，常以未得一見爲憾。或謂何不俟諸樊西巷，余曰：子殆指所謂行屍走肉者耶？又何

---

① 編輯按：原作噯，應爲噀。

不以青竹枝導之回頭也？①

　　八桂詩鐘社姑足二唱，余有句云："小姑例享嘗羹福，高足權分設帳勞。"劍秋先生取列第一，而列孟徵先生之"其足食乎參孽肉，我姑酌彼姒妃觥"於第二。余竊不謂然，即席之作無書可翻，自當以典雅爲貴。若多假時日以供獺祭者，則不患不典雅，而患不空靈，鍊意鍊字，時乃可貴。余與謝次陶先生均列凌作第一，而謝作"藐姑射是神人窟，可足渾傳太后家"。積分爲通場之冠，亦此故也。

　　楷法至有清一代，真可謂窮工極巧，雖至平庸者，亦非磨煉十年不爲功。然其爲書，但求光、方、烏而已。② 因無獨到之處，故鮮能傳世。其能傳世者，必其於卷摺之外，另下一番工夫者也。勞而無功，正與八股相同。憶《花月痕》有句云："消磨天下英雄盡，官樣文章殿體書。"昔時以爲謗語，今乃知爲實錄也。

─────────

　　① 樊西巷，長沙地名，本作藩西巷，因明代吉藩王府而得名。民國時爲公娼叢集之地，官僚、公子哥兒群趨之，故作者有"行尸走肉"之言。
　　② 清代科舉字體，習稱"方光烏"，謂方正、光潤、烏黑，即所謂"館閣體"。

余與子良先生游海雲寺，先生讀《天然和尚放生記》，甚愛之，欲拓無椎，欲抄無筆，欲攝無鏡，至以爲憾。嘗謂拓碑、寫字、攝影三種器具，凡游覽者不可不備，而此行竟以路近游舊，一種不攜，致成憾事。亦可謂輕忽之甚矣。

余肄業時敏學堂，時鄉中父老食黃魚，膾蔞溁口，發爲詩歌，迭相酬唱。先大父寄詩命和，余有"只在蓴鱸思想中"之句，諸父老頗以爲貼切。然吾鄉無蓴，其時余固不知蓴之何若也。余食蓴羹，以庚申四月南海先生家中爲第一次，壬戌三月孟徵先生因友人寄贈，邀同叔葆、憬吾、日坡、長明諸老爲修禊之會，是爲第二次。蓴爽而滑，調以上湯，至可口。恨未得與諸父老同食耳。己未八月高等文官考試，吾姓與試者合各省共六人：繩檢、友能、維漢、榮經、鉞及余也。廣東籍者惟余一人而已。吾姓在廣東合數千人，而有高等專門資格者乃不多見，此則爲父兄者之責矣。先高祖潛居公獎勵子弟讀書，無不至乎其極，故其後科名迭起，書香不絕。十年以來，有識者相繼殂謝，而一班無意識之紈絝相與摧殘教育，迹其居心，務使無一人讀書而後快。無文猶興者，一族之中能有幾人？吾族將自此衰落矣。先高祖數十年苦心經營，甫收效果，即爲若輩破壞淨盡。參之肉真不足食也。①

　　余訪何柏軒於石岐，偕游第一小學，愛其校園聯。云：“可以學稼，可以學圃；於此樹木，於此樹人。”初寫黃庭，恰到好處，李澧川手筆也。柏軒云“此”字或擬作“焉”字，余謂聯之佳處，不在乎此，但如此亦復佳。

　　毗陵天寧寺故有五百羅漢鍥石像，係從杭州淨慈寺宋刻摹繪入石。光緒初有僧心月拓得天寧寺本重刊之，嵌南嶽祝勝寺壁間。李次青謂：“能使十方大眾各生恭敬心、歡喜心、皈依心、勇猛精進心。”吳雲谷書其後云：“乃茫茫宇宙中托迹章逢者，充牣庠序，將毋有抗心希古，求七十子之徒，心摹而手追之，不至焉不止者乎？吾安得旦暮遇之，以與吾心月交馳而競進也哉！”不知吳先生現尚存人間否？余欲以孔林宋刻七十二賢遺像拓本視之，並欲照心月辦法募資重刊，藏諸孔教大會堂。以七十二人之力，刊七十二賢之像，而七十二人之名，且將與七十二賢之像同留於天壤之間。心同欲善，事甚易行，或有如願之一日乎？

――――――

　　① 語出《左傳》。楚、晉對陣，寵臣伍參欲戰，令尹孫叔敖不欲戰，遂言：“戰而不捷，參之肉其足食乎？”

長沙城中有以裝烟爲業者，手持水烟筒，筒以竹爲之，長數尺，摺而爲二，上下左右曲折旋轉，均能如意。常見負販者置擔路旁，坐於竿上，吞雲吐霧，得意洋洋。而裝烟者鵠立其側，爲狀至恭。然其所得，每裝一口不過銅錢二文，購烟之本且在價內，斯亦可謂業之賤者矣。

駱南襌原名成昌，辛亥後始冠姓。有《春草》四首，余最愛其王字韻。云："名姬已嫁慚依白，大事全移漫姓王。"是人是物，不即不離，確爲南襌之詩，確爲南襌辛亥以後之詩。詠物至此，歎觀止矣。他如"空尋行迹當年路，忍記閒愁舊日村"，亦佳。

龍舜臣卒，開弔曰或語人曰："吾龍不知何仇於黃，昔黃蕭養幾赤吾族，今黃星使又一筆橫掃吾千人矣。"怪而詰之，則黃宣廷所爲挽聯有"同宗五百人"之句。其實大良龍氏久逾千人，訃載五百餘人，僅就五服內言之，故云。按左氏襄公十二年《傳》云："凡諸侯之喪，異姓臨於外，同姓於宗廟，同宗於祖廟，同族於禰廟。"杜註："同族謂高祖以下。"宜乎龍氏之責備賢者矣。

潮陽縣海門鎮有蓮花峰，相傳宋文信國公嘗望帝於此。峰頭有大石矗起，狀如蓮花，其高數丈，中有裂縫，廣不半寸，即而望之，隱約見物，因其形像，可占休咎。

瑜宸丈云：“數月前某軍官窺見扁舟一葉，載沉載浮，波浪掀翻，危險萬狀，未幾戰死，最爲靈驗。同時見物者甚多，現均如故，驗否尚未知也。”但余與梁少階、黃伯雅等十餘人往游，且有數人先在，均欲一覘其異者，而皆無所見。豈“不誠無物”，[1] 吾誠固有未至耶？

鼎湖山慶雲寺有鐘懸於樓上，一僧司之，按時而撞，聲振林谷，逾時始歇，歇後復撞，日夜不絕，寒暑無間。至半山亭即可得聞。謝澧浦先生句云：“萬本松杉千笏石，百重雲水一聲鐘。”鼎湖全景，可於此十四字瞑想得之。

辛亥正月，余刊吳蓬仙遺集，[2] 倫哲如先生寄余《沁園春》云：“已矣少游，百身何贖，我欲戕天。枉書魚食字，幾曾變化；春蠶吐繭，空費纏綿。冷落焦桐，淒涼膡楮，覆瓿籠紗總偶然。挑燈讀，正芭蕉隨雨，亂打窗前。　浮生變幻難言，問曩日風流散似烟。歎渭城唱罷，舊人誰在；灞陵歸晚，醉尉來嗔。念遠傷離，思存悼逝，對此茫茫百感兼。還堪慰，有桓譚高誼，不負遺編。”此

---

① 《中庸》：“誠者，自成也……誠者，物之始終，不誠無物。是故君子誠之爲貴。”

② 書名作《吳蓬仙集》，作者係倫明（哲存）和鄔慶時的友人吳紹東。

詞寄到時書已印成，故未刊入集首。茲敬錄之，不覺感愧之交集也。

余在蘇州，以清明日偕黃穎傅游虎邱，在雷州又以清明日偕溫端生游西湖，俱衣香鬢影，絡繹於途。而蘇州之所見與雷州之所見判若天淵矣。讀傅志丹丈遺句云："尚有小娃工結束，低頭來拜虎邱神。"令余思蘇州之游不置。

吾鄉宴會，例以六人爲一席，惟無賴聚食則或七人，或五人，無六人者。問其緣由，多不能答。或謂《三國志演義》有關公過五關斬六將故事，嫌六將之俱斬，故特避其數云。① 此與西人之忌十三人同席將毋同。

己未夏，子良先生過余日益園，適荔熟，先生坐樹陰，竟日且擘且吟，得五絕一十八首，題曰《偶吟》，皆近年學道有得之語也。謹全錄之："讀書三十年，胸中無一字。洗心密退藏，爛然滿天理。""少小薄朱程，近年忽更始。語類及遺書，寧輸芻豢美。""識仁殊不易，定性尤爲難。洛下宗風遠，吾心鎮未閒。""性善情爲惡，

---

① 此謂江湖中人受《三國演義》影響，因關公斬六將事而忌六數。一般人則無此忌。

此理窺本原。禪家空五蘊，蘊空情自捐。""直捷數金鎞，標宗明義利。天下從其言，人人士君子。""姚江有心法，道在致良知。功夫重慎獨，孔學契其微。""南雷作學案，甄別語精深。可惜康雍後，真宗久陸沉。""清儒競漢學，顧閻惠戴強。欲知文武道，爭教書吏忙。""漢學吾所師，道兼經與緯。纂緯同纂教，諸儒乃夢寐。""緯學本陰陽，周秦説已昌。生人生天地，精實豈迷茫。""常州文宿列，大義探西京。段王應俯首，休誇識字庭。""讀子知顏孔，念佛識陳王。六家與三教，絶學出同光。""風雨自西來，古學漸彫䌷。願爲秦漢儒，抱殘而守缺。""生人本神靈，乃視同塊土。耳目作導師，害深夜叉聚。[①]""西士有教宗，上帝警臨汝。獨有三本亡，尊天而無祖。""仁風始孝治，大道本自然。舍是言兼愛，根虛末必顛。""獲罪無所禱，儒説最精微。堪嗤堂上客，七日不愆期。""人可爲堯舜，歸家師有餘。奈何薄生我，妄欲作天徒。"

　　先大父昔游羅浮，於山岩中遇一老道士，蒼顏白髮，獨自枯坐。自云現年一百零四歲，漫游至此不過數月。與之談論，於儒釋道三家旨要並能貫通。臨別以萬壽藤杖持贈，輕而堅韌，便於扶老，蓋採自山中。云又遇一老和尚，少時嘗步月松間，虎撲其師，以杖禦之，虎竟

---

① "叉"，疑應作"義"。

俯伏不動，乃爲説佛法，叱之使去，人因稱爲伏虎大師。自是大師每夜出，虎必至其前，步趨若弟子。然問其以何法能使虎伏，則曰當時並無所謂法，不過本救師一念之誠而已。

某鑲牙館聯云："易牙知味，鑿齒著書。"① 借用人名，頗見工巧。或曰不如是，安得爲太史？蓋清末考試，留學生徐景文以牙醫入翰林，一時傳爲笑談，故云。王湘綺於欽賜翰林時有詩云："已無齒録稱前輩，幸有牙科步後塵。"亦指此也。

余目第一公園爲曬布地，次颭謂余不曾寓目外國公園，宜其作此言。余應之曰："使余曾寓目外國公園，余或不待至今日始作此言矣。夫園亭之妙，在邱壑佈置，試問一覽無餘，有何妙處？若以其爲外國式也，而不敢非議，設有一不倫不類之初學外國文課稿，亦將如游夏之於春秋乎？"書至此，忽憶得一事，並附記之：癸丑年，余在鄉辦時雨小學，一日孟徵先生由凌邊專函至，附一外國文信，屬余翻譯，謂龍媒兄寄自日本者。余展讀之，則滙豐銀行自沙面郵寄之報告書也。譯復後，先

_____

① 易牙，春秋時人，擅調味；習鑿齒，東晉時人，著書以《漢晉春秋》最著。

生寄余詩云：“不識西方字，云從外國來。連蜷踰鳥篆，疑訝歷龍堆。未載揚雲酒，深資博望才。豁然知近遠，雲霧一時開。”余答之云：“發心讀奇書，佶屈弄鴂舌。新聲卻未能，舊業轉中輟。十年悔學劍，幾度視佩玦。聞歌愛南音，問字思故轍。浩然賦歸來，久矣成離別。縱有未遺忘，只可自怡悦。開緘心乍驚，讀畫眼何拙。方言久不問，佛理豈能徹。固知譯文謬，聊慰思情切。譽來真不虞，詩誦每歎絶。敢誇博望才，頗聞孔氏説。蹉跎復蹉跎，年華去如瞥。”

四川都督尹昌衡年少氣盛，不可一世，被禁錮後乃折節讀書。余於孔教總會遇之，恂恂儒者，令人不知其爲革命鉅子也。嘗謂：草木與人本無殊異。直根，頭也；橫根，手也；幹，身也；枝，足也。人直立，腦在上，故有知；草木倒植，腦在下，故無知。説頗新穎。

袁瞿園著《緑天香雪簃詩話》，於先大父、先君子、母親及余詩備見獎借，顧未嘗謀面也。乙卯六月相見於武昌，余出《松陰看弈圖》視之，瞿園爲題《金縷曲》云：“黑白楸枰鬥。感滄桑，經年戰伐，山河依舊。笑撫龍髯風謖謖，已及爛柯時候。渾不見，浮雲蒼狗。莽莽赢輸身外事，漫揄揚，捲地掀天手。隨處醉，一杯酒。

盤根錯節支離叟。便更番，炎飇朔雪，雞皮長皺。任是群雄詭詭譎，上着幾曾猜透。一例號，先生烏有。全局未闌天又暮，算人天，難俟河清壽。閒閱歷、倦回首。"余讀至"上着幾曾猜透"，不覺拍案而起。瞿園但微笑。余合十曰："阿彌陀佛！"瞿園亦合十曰："阿彌陀佛！"

梁節庵之謚，或云文節，或云文恭，或云文忠。見於海內著述者，言人人殊。蓋其卒時，清帝上諭只行諸乾清門之內，予謚之典，僅藉各報一鱗一爪之紀載，以傳於人間，故生如是差別。實則文節、文恭，皆諸臣撰擬進呈者，其後由清帝特旨予謚文忠。時余在北京親聞之。陳弢庵先生並聞故事，文正、文忠皆出於特旨，內閣不敢擬進云。

天下有不能信者，然有時不能不信，於此知天下之大。陶然亭內文昌閣有籤語一百首，皆集唐人詩句為之；亭為文人游覽之所，故昔之應試者恒於此問休咎焉。己未重陽，余與陳鳳孫攜手同游，偶爾談及時高等文官考試尚未揭曉，因以為問。余得籤云："桃花百葉不成春，家有驪珠自不貧。莫道老株芳意少，瑤池沐浴賜衣新。"余曰落第必矣，惟第三四句不知所指耳。此行余本擬榜發即歸，詎榜未發，長明兄以事留余，然終亦無所得，只以長明、太侔諸同鄉之呈請，汪通甫、張滄海兩先生之保證，得大總統頒給先大父"脩德於鄉"匾額，並褒辭云："幽薄白華，束皙有補亡之作；陵陂青麥，莊生言佈施之難。孝以立身，仁能濟眾。古聞此語，今見其人。爾鄒啟祚，生有至性，無間人言。孔奮在家，獨行爲州閭之冠；蔡順泣墓，精誠息雷電之威。猶復胞與爲懷，慷慨好施。築杜陵萬間廣廈，寒士歡顔；置青州四頃腴田，鄉人續命。具此行誼，允宜褒揚。於戲！子欲養而親弗逮，風木悲深；富不驕則家自昌，雲礽蔭遠。畀之旌獎，光乃芳型。"歸裝得此，殊出意料之外。而所謂"老株"，所謂"賜衣"，竟證實矣。雖欲不信，焉得而不信。

《錢氏私誌》載徐神翁謂蔡京曰："天上方遣許多魔君下生，作壞人間。"京笑曰："安得識其人？"徐曰："太師亦是。"辛酉之秋，《申報》亦謂有扶乩者遇陸建章之靈，以時局問，陸曰："百二魔王現尚存七十餘，焉得遽安？"又問爲誰，陸曰："座中亦有之。"天下之亂，豈真有魔王爲之祟歟？

"美人自古如名將，不許人間見白頭。"余謂不許白頭不惟美人、名將爲然，而以美人爲最。聞有老將，未聞有老美人也。束廣微《補亡詩》云："鮮侔晨葩，莫之點辱。"非美人無此風致，非未嫁之美人，亦無此風致，且得之甚難，失之至易。若不於此時以一死留遺愛於人間，不孤負天公之造美歟？"好花看到未開時"，[①]余於美人亦云。

伯庸由慈利調宜章，瀕行，黎康侯以大理石贈之。黎故雲南直隸州，此壓舟石也。石形圓徑約七八寸，中作山水狀，絕似慈利署後風景；下幅斷岸參差，縣城也。稍上有水，澧水也；水中有洲，琵琶洲也；更上則層巒聳翠，椏門關也。伯庸索余題，余爲之題"甘棠留愛"四字。聞伯庸卒後，此石爲其妾攜去，而吾三人對於時、地、人、物四者之聯想，行將片影不留矣。

義和拳之役，恩銘六叔自十八站南下至清江浦，驚魂始定。過兩粵會館，愛其門聯，云："衣冠南海盛，山水桂林奇。"常爲余道之。顧自庚申而後，兩粵軍民竟至互相仇殺，一何今之不若古耶？陸石孫姻丈《鱟蝦謠》云："江瀝海，好鱟蝦。短棹低篷三兩家，網得鯪魚遠近譁。欲網鱟蝦網得魚，阿妹烹魚中有書。何如但網鱟蝦好，提籃便趁官山墟。舊年鱟蝦紅，今年鱟蝦黑。船頭酒已空，撐傍新洲側。莫說漁人生計窮，雞鴨鵝兒無此

---

① 語出北宋邵雍《安樂窩中吟》之七，原作"好花看到半開時。"此處"未開"當係筆誤。

豐。蠕蠕均是可憐蟲，十萬生靈一箸中。忍心我欲問村翁，江瀝海，晚潮風。"鱟蝦，水蟊之一種，冬至前後隨潮上下，以網自江瀝海者為佳。江瀝海，非海也，實珠江之一段。其北為新洲墟，而官山墟則在其西北，邑人謂河為海，故此段亦以海名，猶之新造海、大石海耳。網取鱟蝦，醃以鹽酒，終年食之，味常鮮美。諺云："有女嫁歸江瀝海，年年得箸好鱟蝦。"其風味可想見矣。

　　余到湘時，湘中已成紙幣世界。紙幣之中，有銀圓紙幣，有銅圓紙幣，而以銅圓紙幣為本位。至湘西，則銅圓紙幣亦不多見，乃以市票濟之。凡商店，無論大小，皆出有憑票，分五百文、三百文、二百文、一百文、五十文、三十文、二十文、一十文等多種，甚有少至五文者。票面書明合成一千即換台票。台票者，官立湖南銀行之銅圓紙幣也。攜一千文之台票，可到湖南銀行換取一百文小票五張，銅圓五十枚；而每人每日以一千文為限，每日開換時間又僅二小時。至於銀圓紙幣，則無論如何不能換取，銀圓只可按照時價換銅圓或銅圓紙幣。當時每一元紙幣，約換銅元一百三十枚，而銅元紙幣則較多十枚左右；若以銀圓換之，更可多得十餘枚。故一物而有四價。然普通以銅圓紙幣為準。聞湘南則仍用碎銀云。

偶談及龜壽，或言五百，或言一千，或言五千。余曰：「人生百年，誰足徵者？」黃懿初曰：「有《龜齡集》可覆按也。」潘佐衡曰：「龜齡集，藥名耳！」羅詢余，曰：「不如此，不見其妙。」相與大笑而散。

戊戌以後，天下競言西學，一時日本人來粵講學者甚多。余與小山内精一郎交最摯，回國時贈余《西鄉南洲先生遺訓》一卷。時余方醉心歐化，見其所言與吾儒無以異，束諸高閣，淡然欲忘。豈知節義廉恥之藩籬一撤，而天下乃大亂，至是始悟孟子「舍我其誰」之言之非夸大也。

學文之道，稍有根底，便當研究論理學。研究論理學，能知思想當循之正道，與當避之歧途，固也。而不明歸納，則審題不清；不明演繹，則佈局不靈。此雖非論理學之本，能而實行，文者之利器。不龜手之藥一也，或以霸，或不免於洴澼絖，亦視乎用之者何如耳。而演繹式尤合於論說文之用。余嘗取惲子居《西楚都彭城論》而玩讀之，覺演繹式中之單式正體第一法、第二法、第三法、第四法，單式變體第一種略體、第二種略體、第三種略體，複式之渾體，及單式純體之合作法，無一不備。知以演繹式爲文，古人已有行之者，不待研究論理學而後知而後能；但研究論理學而活用之，較爲事半而功倍耳。今將惲文中之演繹式一一提出之如左：

甲　全篇主腦所在而有統系者

失三秦爲項王之失計
不救三秦則失三秦，都彭城則可以不失三秦
故項王之失計，在不救三秦而擊齊，不在都彭城

- 失三秦爲項王之失計
  - 緩取關中爲項王之本計
    - 封三王爲項王之本計
      - 取關中爲項王之本計
        - 封三王所以使漢王不能王關中
        - 使漢王不能王關中所以取關中
        - 故封三王所以取關中
      - 封三王所以取關中
      - 故封三王爲項王之本計
    - 封三王所以緩取關中
      - 封三王所以利用三王
      - 利用三王所以緩取關中
      - 故封三王所以緩取關中
    - 故緩取關中爲項王之本計
  - 失三秦則不能緩取關中
  - 故失三秦爲項王之失計
- 不救三秦則失三秦
  - 漢定三秦則失三秦
  - 不救三秦則漢定三秦
  - 故不救三秦則失三秦
- 故項王之失計在不救三秦

- 失三秦爲項王之失計
- 擊齊則失三秦
  - 爭秦則不失三秦
    - 漢峭則不失三秦
    - 爭秦則漢峭
    - 故爭秦則不失三秦
      - 以新造之漢當常勝之楚則漢峭
      - 爭秦則以新造之漢當常勝之楚
      - 故爭秦則漢峭
  - 擊齊則不爭秦
  - 故擊齊則失三秦
- 故項王之失計在擊齊

- 失三秦爲項王之失計
- 都彭城則可以不失三秦
  - 據三川則可以不失三秦
  - 都彭城則可以據三川
  - 故都彭城則可以不失三秦
- 故項王之失計不在都彭城

乙　全篇波瀾所在而不必有統系者

子　不知三人非漢敵，惟中人以下之人，項王非中人以下之人。故項王非不知三人非漢敵。

丑　項王手定之地，項王宜都之。九郡，項王手定之地也；彭城，九郡之一也。故項王不得不都彭城。

寅　項王手定之地，項王宜都之。關中非項王手定之地，故關中非項王所宜都。

卯　秦人宜王秦，三王秦人，故三王宜王秦。

辰　項王之本計在取關中，在取關中則不在歸故鄉，故歸故鄉非項王之本計。

巳　歸故鄉為項王之設辭為項王之設辭則非項王之本計，故歸故鄉非項王之本計。

午　大事必不漫付，置都大事也，故置都必不漫付。

未　不推其所以然，則斥項王不都關中；斥項王不都關中，則得失之實不明。故推其所以然，則得失之實明。

申　英雄必慮及項王英雄，故項王必慮及。

酉　不審於計之項王，不慮及亞夫；非不審於計之項王故亞夫必慮及。

林贊卿先生嘗言：程玉堂少時管帶某艦，一日在友人處竹戰正酣，忽自離席，久之乃回，言方回艦佈置避風去也。眾一笑置之。無何颶作，驚詰其故，則以嗅而知之對。自是屢試不爽，海軍中人，咸歎為不可及云。

母親常戒余爲法官，故余不習法律而習理財。顧理財之道，苟或不當，其弊蓋甚於司法。司法不當，僅一家哭耳；理財不當，則一路哭矣。吏一呼門，動爲民蠹。當民窮財盡之秋，正宜與民休息；若必須竭澤而漁，則毋寧改執別業耳。

屈沛霖表弟嘗爲汪精衛課子女，時正盛倡新文學，乃所授則《左傳》及《國策》也。憶昔伍秩庸總長延余課其孫，亦以注重古文爲言。豈所謂舊文學者，真貴族文學歟？沛霖之學多得自庭訓，尤工詩。余愛其《黃雀吟》云：“黃雀黃雀，毋啄我粟。我食不足，我粟如玉。黃雀兒，黃雀兒。請他飛，吾與爾曹俱苦飢。”

朱楚白先生《花城秋感》八首，作於光緒丙午時。亂機已動，故有“遍地綠林行客少，滿山黃葉故人愁”之句。然余與江傑臣猶能時時採石於菊花山及欖核岡。先生新喪其姬，每休息日，亦必與余等登紗帽嶺吟眺，以紓其憂鬱。嘗得句云：“花好月圓人壽短，願花休好月休圓。”拍案叫絕，聲振林谷。聞今則行路愈難，即紗帽嶺亦視爲畏途。先生若在，當又增幾許感慨矣。

韜庵嘗與友人爲天九之戲，友得四天九、四人七，自以爲無敵矣。韜庵曰：“勿爾，我須出牌也。”蓋其所

得爲四地八、至尊、雙雜五。觀者皆謂當出至尊矣，韜
庵竟拆至尊而出雜六，友以雜九打之；隨出四人七，韜
庵打以四地八；復出雙雜五，友見雜牌幾已盡出，不虞
其拆至尊也，因而留天，韜庵遂以雜么制勝。韜庵之勝，
由於心思靈巧，固也，然其友之輕敵，實有以助之。不
然恐未必肯拆至尊，又何能逃於四天九乎？

黃佩鈿女士，余婦第四妹也。矢志不嫁，一時稱爲
孝女。甲子九月十九日卒於家。余與婦合爲聯挽之云：
"佳節展重陽，何堪子敬人琴，遺澤認寒衣刀尺；終身依
兩老，盡撤北宮環珮，餘情寄春草池塘。"似尚無不實不
盡之處。

鰣魚，俗名三鰲，出自甘竹灘者佳。煮以苦瓜，其
味尤美。劉彤句："早潮甘竹岸，涼雨苦瓜時。"或病其
羌無故實，余曰："此梅聖俞之'春洲生荻芽，春岸飛楊
花'也。自我作故，庸何傷？"

吾粵拳師好以舞獅爲戲，一人兩手舉獅頭，一人搖
其尾，別鳴鐃擊鼓以應之。爲道至單簡，而能在一臺上
舞至數時。觀者立於臺下，亦亘數時而不倦。余知其必
有令人流連之處也。嘗往觀之，因悟作文之法，有病題
目枯窘者，輒以是語之。

龍實庵因切月餅，得一算題不能解，嘗以示余。余曰："圜從心作直綫，至邊等分之。"或作圜逐層分之，此余所知也；若以平行綫而等分其圜，則非余所知，亦非余所欲知矣。回憶少時疲精勞神以攻算學，其見於實用究得幾何？故余以爲學算應以比例爲止，其他可不問也。

《餐櫻廡漫筆》載王夢湘歷山舜廟聯云："高山仰止，景行行止；卿雲爛兮，糺縵縵兮。"天然巧對，人人所知，而數千年來無人發見。可見天地間未曾發見之事事物物，固尚無限，人特未之尋求耳。

余今年四十矣，凡過舊曆新年四十次：丙辰在長沙，庚申年在北京，今年在廣州市，餘俱在鄉也。又過新曆新年十二次：民國二、四、六、八年在鄉，民國三、七、十、十一、十二年在廣州市，洪憲元年在慈利，民國九年在北京，而民國元年則由鄉出省後乃知之。蓋余鄉人也，鄉人重新年，然惟知有舊曆而已。凡出外者，苟可以回家，過年無不回家。余過舊曆新年多在鄉中，而新曆新年則反是，職此故也。

余以礦塋兄之介紹，識吳佛青於京師。己未十二月同游中央公園，攝影大雪中，以一幅寄礦塋，並謄以詩云：“踏雪煩郵使，同春寄嶺南。遙知歲寒友，對影恰成三。”佛青曰：“如此用典太狡獪矣。”余曰：“不狡獪安能用典，亦安可用典？”

吾鄉果木以烏欖爲多，荔枝之栽植則始於西園，然不過數株，至日益園始過百。初以不習，請人司之，摘荔之時，輒連枝斫去。亮卿伯父每爲之惋惜不置。余曰譚玉生荔枝詞云：“芍藥生憎喚可離，那堪名字作離支。勸郎莫斫舊枝盡，來歲嫩枝花發遲。”是舊枝之須斫，竟直有詩爲證矣。園丁軒渠不已。此二十年前事也。昨爲鄉人談及，鄉人亦軒渠不已。蓋已成常識矣。

余自出省以來，月薪之收入，或數十元，或數百元，相差之數達十餘倍。而最多時未嘗有餘，最少時亦未嘗不足。夜闌人靜，回想盛時，但覺多食幾碗魚翅，多打幾圈麻雀，此外別無所得。即作幾則筆記，吟幾句鹹詩，亦必俟諸賦閒之時。而從前所讀之書，所窮之理，已因是遺忘殆盡。一念及此，歸志浩然矣。

卷三終

卷　四

甲寅四月，余將出都，子良先生贈詩云："珠海多年別，金臺幾夕談。論文寬晚近，力學換青藍。驥足能空北，鵬程忽徙南。人天誰去住，離緒問桃潭。"行有日矣，忽改道往湖南。先生亦改人天句爲"遥天見平楚"。頃編先生遺集，乃始知之，北望燕雲，猶有餘戀。而別後諸作，多與人俱亡，尤令我不堪回首也。

吾國街名以一二字爲常，鮮有至四五字者。昔在長沙，初見"息息相關"，已歎觀止。及見"平地一聲雷"，不覺合十，讚歎得未曾有。或謂外國街名更有長於此者。余曰："太平之世，乃譏二名，吾國文明於此可見。"或曰此《春秋》內外之義耳。余曰此亦《春秋》

三世之義也。①

蔡寒琼以《盟梅館詩》見贈。著者姚盟梅女史，將嫁，其兄石子裒集所作付印成册，②置諸妝奩以代贈行，亦藝林一佳話也。集中頗有好句，《荒江》云："寒山存古寺，涼月照丹楓。"《海棠》云："云幽極人俱淡，香清蝶不知。"以妙齡女子而能領略此中趣味，殊覺不可多得也。

己未三月，往馬嶺省潛居公墓，海東兄與子振西、谷堂弟與子維榕、余與重光兒六人，合顧三馬輪流乘之。歸途遇雨，適余與振西、維榕步行，同避雨於孖槁廟。久之雨不止，天又將暮，四望山水迸出，恐没歸路，雨稍慢即行。忽不見振西，只見其笠飄於坑上，余急極，没水尋之，恰當其腰，抱之出水。時已憊甚，然路旁之草悉成白浪，稍事休息，鼓勇復行。過鯉魚橋，維榕右傾，余亦左墮，幸鑒於振西之覆，三人攜手，沿途戒備，得安然至家。母親云：此所謂有備無患也。余志之不敢忘。

---

① 《春秋》内外之義，指"内諸侯而外夷狄"，即夷夏之别；《春秋》三世之義，指《公羊傳》所謂據亂世、升平世、太平世。

② 即南社詩人姚光，字石子。其家係上海金山區張堰鎮巨富，有"姚半鎮"之稱。

南村草堂筆記（外四種）

角石岸邊有石一堆，遠而望之，宛若西婦。居其旁者，又俱西人。余初疑爲西人所造，細察之，實純出於自然。欲題“秋水伊人”四字其上，匆匆去汕，終未果也。

余於近人書畫，酷愛陳樹人。乙丑五月與之同事，彼此均至忙，晨入暮歸，竟無暇與之談藝。然每觀其批答，如倚竹佳人，盈盈欲語，未嘗不三復把玩也。近觀所作《梨花帶雨》一幀，丰神秀逸，尤令余不忍去。惜功名誤人，近作絕少，然因是乃愈覺可愛耳。“難別金城太守賢，愁心如雪滿秋天。英雄自古爲厮養，不必投人寶劍篇。”此屈翁山《別應州詩》也。余嘗欲書萬遍以告世人，轉念不甘爲厮養者多矣，而無《寶劍篇》可投者更多，則又不如其已矣。

余嘗跋《連居閣親朋唱和集》云：“外父既梓外王父遺詩，頃復梓其親朋所與唱和者，顏曰《連居閣親朋唱和集》，都一卷。外王父之作，具詳《連居閣吟草》中，此故不載。慶時昔讀《吟草》，愛其唱和諸什纏綿悱惻，一往情深，嘗以未得讀其親朋所與唱和者爲憾。此雖未得其全，然卒讀一過，恍然如見二三君子尊酒篝燈，撚鬚覓句之時也。竊歎二十年前人情篤厚，親朋交際無或有機械於其間，且詩教未衰，類多能吟詠以見志；自

歐風東漸，士皆趨重西學，不暇從事詩辭，甚或藉口雕
蟲，吐棄不屑過問，詩教自是寖衰矣。持此以往，吾恐
二三十年後，詩學之不絕者亦僅耳。悲夫，至是人倫中
寧復有高尚之快樂哉！抑我尤謂，外王父之得旌表孝友
義行，崇祀孝弟祠，亦未嘗不以此也。世苟不被溫柔敦
厚之教，則澆薄成風，孝友義行豈可多得？雖素絲未染，
天真爛然，亦或有一綫之延於深山窮谷；然言之無文，
行而不遠，則名磨滅而不彰者，當何可勝道？即有知者
表章而揚挖之，而百世後不能追溯其流風餘韻者，亦復
何限？太史陳詩觀風，又將何所藉手也？[①] 寧獨無以言志
歟？悲夫！今已略見其端倪矣。雖然外父於今而有此舉，
又不禁狂喜保存者之尚有其人也已。”此文成於光緒戊
申，今屈指未及二十年，幾已不幸而言中。後顧茫茫，
余心滋戚矣。屈俊夫母舅曰：“爲‘仇孝論’者，心目
中尚有一孝字，倡白話詩者，心目中尚有一詩字，此即
不絕之一綫也。”[②] 其然，豈其然乎？

　　甲寅三月，余在北京聞太侔盛稱日本人近藤元粹之

---

　　① 《禮記·王制》：“命大師陳詩，以觀民風。”劉向《説苑》作：
“命太師陳詩，以觀民風。”

　　② 第一句針對陳獨秀，第二句針對胡適。新文化運動時，南方多
有保守派反對，廣東傳言陳氏主張“廢德仇孝”，湖南又傳其著有《仇
孝論》。

《螢雪軒叢書》，遍搜不得。出京時托穎傳內弟代求之，十二月乃得諸廠肆。余取讀之，至《東坡詩話補遺》"詩須要有爲而作"條，近藤批云："方今學辮髮奴詩體之徒，滿天下而皆犯是病，可歎！"云云。不覺廢書而作曰：此潑婦之口吻也！[①] 其他不必觀矣。

余少時即聞"岡南大鎮，唔夠南村一棍"之語，繼聞人言族人某善拳術，擅左棍，左右各鄉無與敵者，以是"南村左棍"名動一時。某爲誰則余忘之矣。聞諸璧泉叔，似係健天伯之父玉田公。健天伯亦善拳術，殆非虛也。

乙卯十二月余過沅江，聞人言是地以銀魚著，但時值隆冬，遍搜不獲。吾鄉亦有名銀魚者，不知是一是二也。然一則名震三湘，一則寂寂無聞，豈吾鄉近海，取精用宏，故不免相形見絀歟？東塾先生《百字令》有序云："市橋有水松，大數十圍，雷折其榦，近根數支猶活，望之如小山。旁一里許有陳將軍墓，相傳爲東晉人。南山先生與予來觀，欲築亭於樹下。先生賦詩，予填詞和之。"詞云："何年夸父，把鄧林移作，天南一柱。倒掛蒼龍纔見首，雨鬣風鬈無數。神臂橫撑，霜皮直裂，

---

① 近藤以"辮髮奴"指稱中國人，語含蔑視，故作者怒之。

隱隱聞雷斧。海鵬飛倦，一枝來宿深處。　旁有高塚麒麟，行人指點，道是將軍樹。夜半翠濤天際響，時見雲旗來去。釃酒長歌，結茅小築，留得驚人句。題名崖石，與君同壽千古。"按：市橋當作坑頭，陳將軍墓及水松均在坑頭，不在市橋。外王父黃緝甫先生所謂"坑頭松蔭，晉人遺者"是也。余鄉與坑頭接壤，過陳將軍墓里許即爲坑頭，過坑頭十餘里乃到市橋。水松在坑頭鄉內兩塘之間，余少時猶見之，"坑頭大水松"五字，久已口碑載道矣。而詞序云云，殆初到鄉間，以爲是即市橋故耳。先生此行，實沙灣司巡檢許公招之。備詳南山先生詩中。而沙灣司巡檢署則在市橋，市橋、坑頭之間□鄉銜接不斷，初來者未易知其是一是二也。

先大父建大宗祠成，復與族人築西園於祠側，雜蒔果木，以爲合族游息之所。余嘗擘荔其間，有句云："前人心血知何許，認取西園荔子紅。"回首前塵，恍如昨日，忽忽二十餘年矣。

讀程璧光《殉國記》，愛其跋《如意圖》云："如意如意，人有人意，我有我意。合得人意，恐非我意。合得我意，恐非人意。人意我意，恐非天意，合得天意，自然如意。"妙論環生，雖文學家亦不過如是。余嘗謂天下之至文，必不出於文學家之手。蓋文學家往往有意爲文，且有意爲壽世之交，而不知此有意二字，已將其爛熳之天真斲喪而無餘，縱有佳作，亦適成爲學者之文而已。後世之文總不及古代，其原因大半在此。此余於定庵《病梅館記》悟之，今讀程作，又得一證矣。

頃於篋中得韜若七絶一首，同游居庸關時作也。詩云："一聲汽笛過居庸，水盡山窮路轉通。漫道閉關能自守，頹垣半倚夕陽紅。"京綏鐵路南口至青龍橋一段，斜坡險峻，絶無坦途北行，火車須以車頭在後推上。中經居庸關、五桂頭、石佛寺、八達嶺等四山洞，大山當前，穿腹而過，故云。蓋至是而天失其險矣。

宣化府産馬乳葡萄，色瑩白，味甘美，形長類馬乳，因以得名。比之美國所産較爲清甜，而無其酸，以之釀酒甚佳。葡萄美酒之名，直可當之而無愧。

甲午之役，清廷割臺灣於日本，臺人不服，起而抗拒。仙根先生實爲其首領，事敗乃歸鎮平原籍。舟入梅州境，有句云："隔嶺樹疑孤塔露，得風帆帶亂峰奔。"往於日報中見而愛之。丁巳四月，與祖德弟溯梅江上梅縣，沿途賞雨，忽憶是詩，引吭高歌，此樂何極。轉念恥尚未雪，人已云亡，又不覺淚下如雨矣。

余與次陶先生共任《番禺縣續志》之《實業志》，而以漁、礦、工、商屬余。顧此志爲舊志所無，編纂不難，採訪爲難。余又無暇日以從事採訪，荏苒數年，無從下筆。范頌臧先生對於此事期望甚切，每與余遇，輒催交卷。余挽先生云："春秋未成負知我，典刑雖有悲無人。"蓋至先生卒時，余尚無以應。陳善伯繼先生志，催逼益勤，近始勉強成漁業與礦業，至工商兩業則竟遥遥無期矣。

"風雨萬山驚葉戰，江湖滿地認秋歸。"羅心荃游白雲山句。余愛誦之，然不能記其全文，頗以爲憾。

汕頭對海之角石，厦門對海之鼓浪嶼，其初皆荒島也。自西人經營之後，隨山補樹，因石築室，遂一變而爲風景清幽之地。游人過此，如入桃源。可見事在人爲，樂天畏天，都無是處。幹周以"競天"名廬，競字殊可味。

陸羽撰《唐僧懷素傳》，載顏太師真卿以懷素爲同學，鄔兵曹弟子，問之曰："夫草書於師授之外，須自得之。張長史覩孤蓬、驚沙之外，見公孫大孃舞劍器，始得低昂回翔之狀，未知鄔兵曹有之乎？"懷素對曰："似古釵脚爲草書竪牽之極。"顏公於是懷佯而笑，經數月不言其書。懷素又辭之去，顏公曰："師豎牽學古釵腳，何加屋漏痕？"[1] 兵曹之書，余未之見？然味懷素魯公之言，蓋以篆隸之筆作草者也。鋒鋩不使太露，殆吾家書學之家法歟。[2] 然唐以前書類多藏鋒斂勢，則亦古法之遺耳。往見張伯英書札云："匆匆不暇草書。"余嘗疑之，今乃知其然也。

青鼠，産鼎湖山，色青如葉，常棲林中，緣枝上下，不避生人，人亦莫之害，不知幾何年矣。壬子三月重游此地，竟不復見。問之寺僧，則辛亥之秋已爲民軍羅掘淨盡，靡有孑遺。滿目荒涼，不勝今昔之感。余有詩紀之，孟徵先生和云："青鼠啖山果，滿腹同飲河。不如社鼠貪，穴社莫奈何？誰知社鼠熏不出，鼎湖青鼠竟自没。鼎湖山果首山薇，采薇采薇死伯夷。"此初稿也，後改末韻爲"鼎湖山果首陽薇，采薇采薇甘如飴"。則巘雪先生意云。

太侔、楚卿同寓番禺新館，而多年未嘗接談。非不欲接談也，無爲之重譯者也。蓋太侔聾，須筆談，而楚卿盲，須口講。必須有一人焉於其間，耳聽而筆述之，

---

① 鄔兵曹，唐代書法家鄔彤，官至金吾兵曹參軍。陸羽原作題爲《僧懷素傳》，"懷伴而笑"本作"倘佯而笑"，當爲誤書；又"何加屋漏痕"本作"何如屋漏痕"。

② 鄔彤與作者同姓，故曰"吾家"。

目視而口講之，始能通其情素。嘗請余一爲之，不十日而楚卿卒，豈其有一面之緣尚未了耶？

大鐘寺在京師德勝門外七里，原名覺生寺，乾隆間移萬壽寺之華嚴鐘於此，因以得名。鐘高一丈五尺，徑一丈四尺，紐高七尺，厚七寸，重八萬七千斤。內外勒楷書《法華經》一部，字大五分，學士沈度書，永樂年鑄。余所見鐘，此爲最大。游人競以銅幣擲之，其聲清遠頗可聽。每歲正月十九日以前，士女雲集，所得報施當自不少。

先大父重逢花燭自壽，有句云："怪底神人呼所欲，一生惟願有妻賢。"脫稿時，公嘗囑余詳查，謂似有誤。因戚友索讀，匆匆付梓，未之考也。近乃得諸《太平廣記》，其略云："唐人李某，朝夕虔修二十餘年，夢天遣神人，召問所欲：'欲貴乎？欲富乎？'其人皆不願也。曰：'然則何求？'曰：'求居山水清妙處，家室少康，妻賢子順，足矣。'神人大笑，搖手曰：'此是上界仙人之福，非汝所能祈求者也！'"據此，則神人二字當作唐人或李翁乃合，[1] 而《南山佳話》一書久已傳播海內

---

[1] 原詩即用"夢天遣神人，召問所欲"之辭，并無問題，作者理解有誤。

矣。[①] 此昔人所以有輕梓之戒也。

逸然兄重修書齋落成，余集龔定庵句贈之，云："篋中都有舊墨迹，城曲深藏此布衣。"李作屏以爲出句頗有語病。余曰："出句係指南山先生，且斷章取義爲集句通例，似不必過拘也。"因竟用之。

留園在閶門外三里，舊爲劉氏寒碧莊。光緒二年歸毗陵盛氏，改今名。有圖十八幅懸於思補樓，曰草堂避暑，曰塔影雙懸，曰花塢留春，曰秋軒延桂，曰紅橋夜月，曰亭畔棲雲，曰荷香滿院，曰湖峰獨聳，曰濠濮觀魚，曰池館臨風，曰繡圃吟梅，曰石林放鶴，曰柳影垂塘，曰巒光積雪，曰山樓聽雨，曰綠蔭清波，曰古木交柯，曰嵐光一覽，皆園中風景也。此外尤有可紀者，則石刻法書羅列滿壁，古香古色，令人流連不忍去，而又一村之野趣，亦自別開生面。余嘗謂當補作勸耕、課讀二圖，庶臻完備，質諸同游，亦以爲然。

瞿園句："訴與東風渾不懂，春歸惆悵落楊花。"蓋謂太侔也。壬子之春，太侔和陳阜孫楊花詩十首，傳遍

---

① 《南山佳話》係友人名士慶賀鄔启祚結婚六十周年之詩文的合集。

海內，和者甚衆。爾時余鄉居無事，亦嘗和之，然都無好句，而"釀暖有心留絮被，買春無力借苔錢"、"劇憐狂病難施藥，載祝餘生莫入萍"二韻，竟爲太侔所賞，貽書陳景亮先生，引以爲賀。先生索閱全稿，余復之曰："楓落吳江，貽笑大雅，曷不爲廖時稍留餘地？"[1] 然終亦不能隱也。

余在北京見重遠先生所爲孔子聯云："繼虞夏殷周而百世，統天地人物於一元。"愛誦不去懷。戊午秋築南村草堂成，奉母親命以孔子代香火神，因請子良先生書此聯伴之，寫作俱佳，時人目爲雙璧。

余嘗謂"無可奈何花落去，似曾相識燕歸來"爲天下最傷心之事。屈蘭蓀表弟曰："花落固然，燕歸未必。"余曰："使其不曾相識，或曾相識而不歸來，或歸來而非似曾相識，皆當無所動於中，所難堪者，似曾相識之歸來耳。"

陸敬羽工鐵筆，嘗爲余雕刻扇骨，並製銘云："正其時，操其柄，提而倡之風必盛。"余極愛之，以爲不亞於

---

[1] 《唐才子傳》載崔信明事："信明恃才蹇亢，嘗自矜其文。詩有揚州錄事參軍滎陽鄭世翼，亦驁倨忤物，遇信明于江中，謂曰：'聞君有楓落吳江冷之句，仍願見其餘。'信明欣然多出舊制。鄭覽未終，曰：'所見不逮所聞。'投卷于水中，引舟而去。"作者即用此典。

胡鐵庵也。鐵庵嗜鴉片，當陳景華長警廳時，烟禁最嚴，鐵庵以一技之長，獨得吸食如故，故其聲價十倍。余嘗得其"南村草堂"一章，亦極愛之。

甲子二月，財政部將改組，偶與澧川談及第一局同事姓名，皆相聯絡，至爲湊巧。如兩楊，楊子毅、楊仲猷也；兩鄧，鄧文偉、鄧偉謀也；三景，李景綱、朱景豐、陸景説也；三偉，劉偉才及兩鄧也；而羅慶堂、劉時英與余，又爲兩慶、兩時。慶堂名繼善，景説名作霖，偉才即時英之字。此外尚有張柏一人，姓名別字均無其偶，而號一諤。余曰：衆人諾諾，一士諤諤，其獨出固宜。且得此愈覺其巧。

人皆知西樵山産杜鵑花，而不知花山岡亦有之。外王父《龍山八詠》有"杜鵑花發艷春朝"之句，即指此也。花山既以多杜鵑花得名，然相距稍遠，即已茫然。殆以僻處海濱，游客足迹所不到歟？

"西南雲氣來衡嶽"一聯，余愛而忘其出於何人手筆，前曾述及。頃讀《藎我齋聯話》，喜其有同嗜也。亟全録之："湖南嶽麓之上，有雲麓宫，右側爲望湘亭，供游客休憩品茗之所。衡山爲屏，湘水爲帶，誠壯觀也。内有安福黄道讓一聯云：'西南雲氣來衡嶽，日夜江聲下洞庭。'氣魄雄壯，允與名山相稱。"

讀《灤陽續錄》至"李憲威事"，憶丙午十二月由花縣回省，至五和墟待渡，因就岸邊展鋪，蓋納墊輿之被，所攜菊花石纍纍畢現。挑夫皆笑，謂行李甚重，方疑是阿堵物云。惜其時羅姬未歸，否則真可媲美古人矣。[1]

長堤大三元酒家以"大三元"鼎峙格徵長聯，孟徵先生應之云："大洋幫填作珠湄，看幾許錢塘蘇小，穎濱小蘇，乘興登樓行樂去；三浪石吸殘海月，矧對茲南雪孝元，西山元孝，臨風把酒感懷多。"稿脫，恐閱卷者認其字迹，囑余書而投之。卷既截，主人請叔葆先生評定甲乙，誤認為子良先生手筆，置諸前列。彌對既揭，真相畢露，相與大笑。遂以所得謝教，同醉於大三元。

鹿步滘，東江之蘇彝士也，在吾邑鹿步司鹿步墟旁，為鄉賢公所開。事載《廣東通志》及《惠州府志》。吳參政嘗贈詩云："竭力勞心開鹿步，先生真抱濟川才。"光緒八年吾族建大宗祠，東塾先生亦題"鹿步謳思"四

---

[1] 《灤陽續錄》係紀昀《閱微草堂筆記》之一部，其五載李憲威聞一士人至嶺南干謁親友，返程時所載有端硯、英德石，其人並有娶妾事，故作者聯想及於己事。

字表之。而邑志對於此舉竟付缺如。近修《續志》，[①] 孟徵先生乃補爲鄉賢公立傳。益歎不朽之傳自有公論，不得而揚，亦不得而抑，固不必容心於其間也。

族人泰來之妻，何石卿先生之妹也。先生表其墓云："妹嫁鄔氏，先妣黃安人出也。長、次妹十月以痘殤，十一月十二日巳時生妹。生七年，先妣見背；又十四年，嫁。嫁二十六年，年四十六以道光庚戌十月三十日卯時卒，免先君喪三月矣。越七日，葬南村白石岡。先君遺地也，故以葬妹。嗚呼！孝於姑，順於夫，和於外内家之人，蓋明義而篤仁者也，而貧而無子，而年又止此！伯兄何若瑶表石。"先大父愛其文，亟稱之，而文集不載。惟《鄔氏妹》一律云："同産惟存汝，伶仃倍共親。可憐無老母，相對有酸辛。風雨天如夢，鶯花雨不春。悲鳴況迢隔，撫景更傷神。"載《海陀華館詩集》卷一，前輩選擇之嚴如此。

癸丑正月，訪陳仲璧於大良，適礪瑩、季鏞、端生、澤民、伯偉、翹珊諸君星聚其間，酬酢往來，至爲暢快。同游西山，見有"鳳城第一名勝"六大字，筆力雄厚，題壁者陳灼修先生，仲璧之祖父也。工書善畫，所用赭

---

① 指《番禺縣續志》，鄉賢公即作者曾祖父鄔夑颺。

石皆選自此山云。此六字爲其晚年之作，惜無大石可泐，壁堊易壞，恐不能垂久耳。

汪莘伯丈《廣州竹枝詞》云："冬至魚生處處同，鮮魚巏切玉玲瓏。一杯熱酒聊消冷，猶是前朝食膾風。"此四十年前舊俗也。以余所見，二十年前，猶必待中秋前後有新出蘿蔔時始食魚生，近來則又不必拘拘於蘿蔔絲，或用藕絲，或用梨絲，纔到夏至，已有食魚生者矣。而潮州則更不必待到夏至，余以正月到汕頭，即已有之。但其食法不同，魚肉片一，魚皮片一，魚腸片一，醬一，如是而已，並不如廣州之有十餘種配菜也。配菜維何？曰白醋，曰生油，曰熟鹽，曰白糖，曰芥末，曰胡椒粉，曰玉桂末，曰薄脆，曰花生，曰柚子，曰蒟絲，曰薑絲，曰佛手絲，曰辣椒絲，曰蘿蔔絲或藕絲或梨絲，曰海蜇絲。

梁文忠以貧聞於天下，臥病時，至出其所最愛之蘇題文竹手卷與凌潤苔，質一百元以供醫藥。及卒，喪葬費無着，諸弟子方謀分任之，忽清室給治喪費三千元，清帝瑜、瑾二妃各一千元，合各親友賻儀約共萬元。除支用約七千元外，餘銀三千元，湖北學生又倡議籌二萬元以瞻其後人，廣東學生聞之，亦議照籌此數。於是身後不復蕭條矣。人皆謂生時不貧，無以有今日。或曰：

此其所以貧也。

乙卯四月，鐵石道人爲余作《松陰看弈圖》，誤松爲桐，畫成始覺，因另作之，並題詩云："蒼松陰處夕陽偏，對弈人來水石邊。時局輸贏都不問，一枰勝負共忻然。"時年七十四矣，欲求其一已不易得，余竟得二，洵異數也。逾年卒於開封，余挽之云："一生三絶詩書畫，五百四峰歸去來。"未將此事提及，時以爲憾，因記於此。

西洋炭畫易學而難精。壬戌之夏，重光兒學之月餘，試寫先大父遺像，望之儼然。孟徵先生見而題之曰："先生之鬚，曾濯鼎湖。先生之目，星巖遍矚。訪墓河源，復拜鄉賢。不負所好，名山大川。我曾同游，歸而頌祝。九旬十子，重逢花燭。摹公之相，賢哉曾孫。曾孫克敏，先生以傳。"頃重光兒由北京歸，自謂所寫不能見人，以有題詞，又不能棄，甚悔當年之孟浪。余曰：凡事皆此，此古人所以戒輕舉妄動也。惟學問之道，須相形而見絀，斯相得而益彰，發表稍早似亦不妨。

孟公綽爲趙魏老則優，不可以爲滕薛大夫。古今人才無不如此。才與不才，一視乎用之者如何耳。用之得當，則人人皆才；用之不當，則人人皆不才。故用人者，但當因才器，使一切黨派區域、感情、勢力等成見均須剔去。今人薦書，每不切實言其所長，而用之者亦惟推愛及之。以乞食來，以施食應，與之相當否，受之有愧否，兩俱不計。是固不得謂之用人，亦不得謂之薦人也。

讀《賜書樓詩》，愛其《定情曲》云："妾身是浮山，合與羅山住。風雨吹能來，風雨吹不去。"此與《覺歸集》之"傍石蒲草瘦，傍湖蒲草肥。因依各已定，不願更相移"同其堅定，而心君尤爲泰然。[①] 余嘗謂夫婦之間各皆如此，自是舊家庭之好處，而新少年反笑其愚，不知當離異之時，亦尚鄙笑古人否耳。

畢梅巢自述與王仲瞿爲忘年交，曾登其烟霞萬古樓。樓五楹，軒窗明爽，水清木華，塔影風帆，近接几席。樓中圖書、卷軸、筆硯、琴尊、金石、彝鼎、笙簫、劍戟、投壺、弈枰之屬，位置精雅，而無梯樓。板上穴一圓洞，主人一躍而上，客至則挾以俱登焉。余味其言，輒歎得未曾有。或曰隨處有之，但較小耳。余請爲導，至則烟霞窟也。因避邏者，常去其梯。余曰：此真烟霞萬古樓矣！恨仲瞿不爲禁烟處長，否則一躍而上，挾以俱下，其梯雖去，亦何補哉。

① 心君，即心。

余嘗以某店減價，買自來墨水筆一枝，歸而試之，竟不可用。對此雞肋，心殊怏怏。轉念此鬪智競力之世，非可以貪便宜之時也，況懸便宜以爲餌者乎？余寔咎由自取耳。

九內弟黃星槎，當"仇孝論"最盛之時而不爲所惑，父母昆弟咸愛之，年二十而歿。余挽以聯云："孝友紹前徽，知兩老愛憐，不因少子；人琴悲此日，憶當年談笑，共許鴻儒。"以視屈綽餘表弟，綽餘頗嫌"鴻儒"二字太泛，余曰："使星槎死遲兩年，畢大學業，不居然學士乎！'許'字作期許解，不作推許解也。"又問"前徽"所在，余曰："外王父曾奉旌表'孝友義行'，崇祀邑學孝弟祠，不僅二十四孝中有黃香而已也。"

《古碑今在地考》言"峋嶁碑"存今湖南長沙。按：峋嶁碑，俗稱禹王碑，在長沙嶽麓山上。乙卯秋，余曾手拓以歸。《游宦紀聞》謂此係嘉定壬申何一致所刻。[①]《禹碑考》且謂何刻燬於明季，順治末彭禹峰重摹上石。然則此實未得謂爲古碑也。聞原碑在祝融峰，亦不在今長沙境。

---

① 何一致，應爲何致，宋人，生平不詳。

　　前三十年之今日，吾粵人無有知今日爲孔子誕者；前二十年之今日，僅學界中人知之；前十年之今日，士農工商莫不慶祝，笙歌達旦，興鬧異常。至今日則農工商學無復過問，甚且加以非笑謾罵，後十年、後二十年、後三十年之今日，又不知如何矣。丙寅大成節，余在府學，與林澤豐、謝次陶諸君嘗慨乎言之。附記於此，以覘其後。

　　丙寅八月，馬夷初先生重來廣州，相遇於國民政府。余以譚少沅先生書先君家傳乞題，即席題云：“右先師陳君所爲番禺鄔道源先生家傳，余未識道源先生，而先生長公於余爲講友。長公名慶時，字曰伯健，惇敬有文學，余因以識先生，而歎先師所稱爲不虛。先生既早爲古人，泰山梁木之痛，忽忽亦復十年。今來廣州，伯健以是屬識，未可謝也。伯健懷親念舊，當此時變方劇，手護弗失，其亦仿佛進退於父師之前，百感交迸而集乎！余識此，亦惻然深動於中矣。”後數日先生歸，而浙江隨之易幟。浙訊傳來，恰又得龍思鶴先生題詞，誠此册之一大紀念也。文云：“曩游京師，與程君子良論學，於書法有同嗜。後程君南歸，羊石過從，數爲余言鄔子伯健好學深思，紈綺中純蔬筍氣。① 旋藉學友李君礌瑩獲交鄔君，

---

① “蔬筍氣”，原指詩僧作品清寂的特色。

得其樸率，幾忘鄔君之襮時文采也。鄔氏爲粵望族，拜讀家傳，好奇心勃發，如聞唱大江東去。回語伯健，則又篤實無文，知其淵源於賢父師者深也。"

辛亥八月黎元洪發難於武昌，一時革命之聲甚囂塵上。粵督張鳴岐見大勢已去，乃於重陽日宣佈獨立，旋以京陷帝崩一僞電相率鳥獸散。至九月十九日革命軍復宣佈獨立，粵局始定。汪憬吾丈詞云："菊花向我亦無聊，獨看暮烟殘葉下蕭蕭。"辛亥重陽之特別風光，於此可見。

余生平無他長，惟食物未嘗覺其不可口，因是不甚求。人人亦不甚嫵我。然知交中有聞余賦閒者，必有以處余，余竟能行吾心之所安。偶與婦談及，婦曰：足以自豪矣。

奢侈品印花稅於乙丑三月設處開辦，以李朗如爲處長，廖朗如爲副處長。黃仲敏曰："真個朗朗如玉山上行矣。"[1] 既而停辦，又曰："真個如入寶山空手回也。"余謂此二語彷彿晉人，不圖得之於今日，更不圖得之於今日之政界。

---

[1] 語出《世說新語·容止》："見裴叔則，如玉山上行，光映照人。"

　　北京內城築於元代，其南門中曰正陽，左曰崇文，右曰宣武。而元亡於至正，明亡於崇禎，清亡於宣統，莫或使之。若或使之，真令人不可解矣。又皇城南門曰大清，入民國後改爲中華，與東之東華，西之西華，恰相巧合，其異亦同。

　　四女灼顏，生時愛唱《蝶兒歌》。余載入《白桃花館雜憶》。馬子薪見之，贈余詩云："聆君憶語意如何，況復秋來感慨多。策策西風入窗牖，那堪重讀蝶兒歌。"自是不聞此歌者年餘，昨游東山，見小孩數人歌於籬落間，爲之淒絕者久之。三女灼新，怪而問余，余語之故，並誦子薪之詩。二女灼華曰：竟直不堪重聽矣！

　　長沙常德間航路，夏秋往來可通輪船，入冬則僅容帆船而已。乙卯十二月，余自常德東行，船過漢壽縣城，登岸買菜，得鱖魚，樂甚。因高歌"先生喜啖江湖飯，又報城門賣鱖魚"之句，賣魚人及旁觀人相視而笑，余不覺亦笑。解纜後見同舟人沿途買入，每斤僅須半價五十文，乃知其所以笑，實以余受欺而不知也。然每斤百文，以視吾粵，尚不及十之一，至今思之，猶失笑也。

子良先生嘗語余：寫字須下沉着之筆，鼓磅礴之氣。梁紫笙亦以執實筆亂畫爲寫字之要訣。余初以下字、鼓字猶未免有斧鑿痕迹，不如亂字之純任自然。繼而思之，先生爲學者説法，要自不得不爾。

余自發願搜集鄔氏之文字及關於鄔氏之文字，至今十餘年，僅於《左傳》、《國語》、《史記》、《明史》、《通志》、《文獻通考》、《廣東通志》、《江西通志》、《浙江通志》、《惠州府志》、《番禺縣志》、《桂平縣志》、《羅源縣志》、《崑山縣志》、《慈利圖志》、《廣東考古輯要》、《粵東金石略》、《聖廟祀典輯聞》、《清朝書畫錄》、《法書苑》、《書苑菁華》、《畫史會要》、《歷代畫史彙傳》、《國朝畫識》、《墨林今話》、《虞山畫識》、《越風小傳》、《古今圖書集成》、《事類統篇》、《萬姓統譜》、，《尚友錄》、《尚友錄續篇》、《人名考》、《中國人名大辭典》、《辭源》、《觚不觚錄》、《甲乙剩言》、《春雨雜述》、《航海遺聞》、《埋憂集》、《灤陽消夏錄》、《如是我聞》、《聽雨軒筆記》、《夜雨秋燈錄》、《右台仙館筆記》、《樂陶陶齋叢拾》、《耕硯田齋筆記》、《夜談隨錄》、《秦淮畫舫錄》、《所聞錄》、《續益壯圖記》、《粵東新聊齋》、《春冰室野乘》、《京華春夢錄》、《蔭堂筆記》、《曝書亭集》、《尺岡草堂遺集》、《莫等閒廬遺稿》、《無終始齋詩文集》、《篔溪存稿》、《震川文集》、《有正味齋駢文箋註》、

《寸心草堂詩鈔》、《寸心草堂集外詩》、《海陀華館詩集》、《連居閣吟草》、《評琴書屋詩草》、《海闊天空簃詩鈔》、《味莊騷齋吟稿》、《三十六天消夏詞》、《連居閣親朋唱和錄》、《穗城雪鴻集》、《秋江酬唱集》、《孔宅詩》、《哀烈錄》、《瑞安先生哀挽錄》、《廖仲凱先生哀思錄》、《涵芬樓古今文鈔》、《駢花閣文選》、《綠天香雪簃詩話》等書，得數十條。重光兒於《聖賢像贊》又得數條，均屬零星散見，並非專書。其成書者，除余所校刊《南山佳話》、《詩學要言》、《耕雲別墅詩集》、《耕雲別墅詩話》、《達庵隨筆》、《吉祥錄》、《明珠智因閣詩集》、《治家要義》、《立德堂詩話》、《經學導言》、《番禺隱語解》、《南村草堂筆記》、《白桃花館雜憶》數種外，餘無所得。憶丙辰正月閱書長沙定王臺，曾見宗人詩集一冊，顧人名集名都不復記憶，僅記其爲浙江人而游幕湖南者耳。屢欲馳書至湘託友鈔寄，而湘中屢經兵燹，朋舊星散，茫茫人海，正不知向何處溯洄也。

卷四終

窮忙小記

番禺鄔慶時白堅著

窮忙小記自序

　　余自十一年三月入財政部供職，至十五年五月出部，五年之中所見所聞，不乏可記之史料。每欲爲詳細之記述，牽於人事，未克成書。久而久之，亦漸遺忘矣。近閱《春風堂隨筆》感窮忙之語，撫今思昔，不能以已，爰就所記略述一二。稿既脫，因顏曰《窮忙小記》。今者北伐成功，全國統一，國民政府財政部由粵而漢，由漢而寧，酒細羊肥，蔚爲大部。顧此窮忙時代，正如英雄未遇之時，令人不能忘，尤令人不敢忘。是編之作，固不徒記往而已也。

　　中華民國十七年中秋，番禺鄒慶時序於西湖舟中

窮忙小記①

　　民國十年四月，國會非常會議在廣州開會，選舉孫大元帥爲大總統。五月五日就職，設總統府於廣州德宣路督練公所，故址同時設財政及外交、陸軍、海軍、司法、交通等部。此時之財政部名曰總統府財政部。十一年六月，廣東督軍陳炯明變叛，孫大元帥去粵，各部亦散。十二年三月，陳軍敗走，孫大元帥設大本營於廣州河南士敏土廠故址，復設財政及外交、軍政、內政、建設等部。此時之財政部名曰大本營財政部。十四年三月，孫大元帥逝世，汪精衛等以委員制組織國民政府於廣州廣仁路廣東省長公署，故址改設財政及外交、軍事等部。此時之財政部名曰國民政府財政部。

---

　　①　原有"卷一"字樣，以無續作，今删。

總統府財政部初設於總統府東偏，旋因失火遷於廣衛路粵海關公署故址。大本營財政部初設於太平沙林宅西偏，旋遷文德東路廣雅書局臣範堂故址，繼遷永漢路廣東財政廳樓上。國民政府財政部仍之。

總統府財政部設總長、次長、秘書、司長、司員、書記官；大本營財政部初設部長、秘書、局長、科長、科員、書記官，旋加次長、廳長、錄事，繼改廳長、局長爲參事，科長爲僉事。後僅設部長、秘書、辦事員、書記官，國民政府財政部仍之，其後加科長、副科長、科員錄事，裁辦事員。

總統府財政部總長特任，次長簡任，秘書、司長薦任，司員以下委任。大本營財政部部長、次長特任，廳長、局長、參事簡任，秘書、科長、僉事薦任，科員以下委任。國民政府財政部部長特任，秘書薦任。餘俱委任。

總統府財政部總長唐紹儀不到，以外交部總長伍廷芳兼之；次長廖仲愷。大本營財政部第一任部長廖仲愷不到，以建設部部長鄧澤如兼之；第二任部長葉恭綽，次長鄭洪年，鄭次長告假，以楊子毅代理；第三任部長古應芬，次長林雲陔。國民政府財政部第一任部長廖仲

135

愷，第二任部長古應芬，第三任部長鄧澤如，第四任部長宋子文。

伍總長及廖、鄧、古三部長均兩任部長，唐總長、廖部長均不到任，伍總長、廖部長均任事至死。伍總長以一人結軍政府財政部之終，開總統府財政部之始。廖部長以一人開大本營財政部之始，及國民政府財政部之始。

伍總長之畫諾爲一廷字，鄧部長爲旁行澤如二字，葉部長爲合書恭綽二字，古部長蓋章，廖部長爲仲愷二字，宋部長爲"宋"字下截作豆芽形，省去"人"字。[1]或戲之曰：宋下無人矣！後乃蓋章。

歷任總、次長多兼要職。伍總長兼外交部部長及廣東省長；鄧部长第一任兼建設部部長，第二任兼兩廣鹽運使；古部長第一二任、廖部長、宋部長、鄧次長均兼廣東財政廳廳長；古部長第二任并兼廣東民政廳廳長，宋部長并兼中央銀行行長，林次長兼廣州市市政廳廳長，楊次長以賦稅局局長兼總務廳廳長，代理次長，代拆代行。惟葉部長、廖次長無兼職，而以廖部長兼重要位置共一十四席爲最多。

---

① 即寫作"宇"。

軍興以來，大局未定，政界變遷真如輪轉。財政部關繫度支，變遷尤速。十四年七八九三個月之內，凡五易部長：七月三日古部長調任廣東民政廳廳長，廖部長繼之；八月二十日廖部長遇刺，二十二日古部長繼之，是爲古部長第二任；九月七日古部長回廣東民政廳廳長任，鄧部長繼之，是爲鄧部長第二任；二十三日鄧部長回兩廣鹽運使任，宋部長繼之。計古部長第二任及鄧部長第二任均十六日，而葉部長則自十二年六月二十五日至十三年十月六日，共一年零五個月，任期之長爲近年所僅見。鄭次長於就職周年，與外交部部長伍朝樞約同兩部職員宴集北園，觴詠竟日，頗極一時之盛。鄭次長賦詩云：

一年鄉國都無補，慷慨難酬國士知。眼底元元憑赤手，愚公心事說山移。

北望風雲數李完用張邦昌，雍容壇坫耀南疆。十年人世經蒼狗，麟角巍然此國光。

群彥南天仗義來，干戈滿地共登臺。庭前笑指梅花樹，不與紅榴盛暑開。

名場卅載艱難盡，比似春蠶亦自憐。但得蒼生衣被遍，蟲天劫歷任絲纏。

不知何日慰蓬蒿，隨地園林信所遭。垂老詩情知水味，覺公非復少年豪。

時葉部長在莫干山養病，寄和云：

　　孰遏當塗勢柏張，天南旗鼓各堂堂。重憐往恨添山海，復有閒情適莽蒼。飛電光陰終倏忽，補天心力不尋常。微吟抱膝寧無意，照眼宵分斗柄長。

職員和者甚多，余愛楊廳長子毅云：

　　愧無能事酬知己，一事傳家只四知。幾度抱琴歸未得，我情都似伯牙移。

　　南強北勝幟高張，喜得群才到此疆。是鄭國僑齊管仲，巋然同仰魯靈光。

　　諸公袞袞過江來，此地黃金正築臺。期月至今真已可，鴻基猶記待君開。

　　竹頭木屑搜羅盡，蒿目時艱劇可憐。忍與揚州騎鶴客，自將十萬數腰纏。

　　寂寞名園半沒蒿，清時恰喜復相遭。舉杯為祝年年醉，一笑而今是酒豪。

胡秘書煥云：

　　萬種情懷何處寫，天風海水若相知。年來一曲龜山操，不獨成連為我移。

辛苦吾徒軍一張，較量北勝與南疆。群雄若定須公手，袖底青蛇夜放光。

烏鵲南飛雁北來，霸圖重拓越王臺。英雄老矣兒童大，笑指木棉紅正開。

道旁腐鼠休相嚇，世上夔蚿祇自憐。豈謂桂枝生性直，不勞藤蔓苦相纏。

才華斂後偃蓬蒿，卻病安心任所遭。古事今情吞咽盡，自攄肝鬲寫霜豪。

黃僉事樂誠云：

年來畏讀北門詩，世亂憂深不自知。今日琴樽開盛會，高山流水兩情移。

北閼由來勢焰張，不應傃擾到南疆。劉錦縱作降王長，故壘依然日月光。

中原仗義卻歸來，南國當年有駿臺。早識大文垂宇宙，春風一例木棉開。

兵食兼籌賴策賢，但炊無米亦堪憐。司徒仰屋人嗟道，誰解腰間萬貫纏。

省識時艱眾目蒿，九天風雨歷週遭。酬知一載渾無術，輸與群公氣象豪。

余亦和之云：

此心不爲齊卿動，往事偏承鮑叔知。我與白雲同出岫，天南又見斗杓移。

安危自昔仗蘇張，載贄歡傳並出疆。記得鳴騶初到日，燭天齊仰五星光。

日月如梭去復來，熙熙空自望春臺。無情最是傾盤雨，寄語名花莫漫開。

劫餘花木都摇落，半院荷香我亦憐。把酒勸君拚一醉，幾家庭樹有藤纏。

醉眼矇矓看剪蒿，唱酬時會忽相遭。元龍豪氣消磨盡，惟有詩情似舊豪。

李參事景綱次和葉部長原韻云：

盛唐手筆説蘇張，風度瞻從畫錦堂。一自離憂餐菊落，幾人泂溯詠葭蒼。門棲金馬慚臣朔，冠戴方山識季常。寄語卧龍岡上客，武陽報國日方長。

余亦次和云：

群蜂爭雄幟各張，戰雲深鎖半閒堂。重游赤壁心應碎，笑指黄河鬢未蒼。無可商量惟義利，最難收拾是綱常。葭蒼露白人何在，翹首名山道阻長。

部中分科辦事，伍任設秘書處、賦稅公債理財三司。鄧任設第一、第二、第三三局。葉任加總務廳，廳及三局各設第一、第二、第三三科，旋改第二局、第三科爲總務廳，第四科繼裁併爲總務廳賦稅、泉幣二局，繼裁泉幣局，繼改總務廳爲庫藏、庶務二科，古任仍之。廖任裁賦稅局及庫藏、庶務二科，僅設辦事員，古第二任，鄧第二任均仍之。宋任設總務、賦稅、泉幣、會計四科，旋裁泉幣科，繼裁賦稅科，繼裁會計科。國民政府北遷後，僅留總務一科。

葉任設官最多，次長以下，凡七十餘人。廖任設官最少，秘書三人：陳樹人、鄧召蔭、葉次周，辦事員一人，即余也。書記官三人：楊仲猷、葉笑芙、姜伯和，旋加委莊光第爲辦事員，吳少田爲書記。官最少時七人，最多時亦十人耳。

職員薪俸，以鄧任爲最豐：局長四百元，秘書、科長二百四十元，科員一百五十元，書記官九十元。以葉任爲最微：秘書科長有一百八十元者，科員有五十元者，且欠薪數月。然葉任經費每月一萬七千餘元，爲各任之冠；古任鑒之，裁員減薪至三千餘元；廖任則會計、庶務亦由廣東財政廳兼理預算，每月不過千餘元，僅及葉任十之一，經費之省，以此時爲最。

葉任陞調最頻：每月之內，必將各局職員略爲調動，然未嘗撤一差，對於鄧任舊員亦未嘗換一人；古第二任陞調最少：所有職員一仍廖任之舊，亦未嘗撤一差，換一人也。

鄧任對於伍任舊員無不特別優待，李景綱、廖朗如及余均升科長，李載德、謝廷俊均升科員，惟楊子毅無可升，仍任局長。葉任對於鄧任舊員又無不特別信任：楊子毅任賦稅局局長兼總務廳廳長、代理次長，代拆代行；李景綱以參事任泉幣局局長；廖朗如以參事任財政委員會秘書長；陸仲履任財政委員會秘書，李載德代理秘書；余任第一局第三科科長，管理預決算，調第二局第三科科長，管理國庫；黃樂誠任總務廳第三科科長，管理部庫。第一次改組後，黃樂誠任總務廳第三科科長，管理會計；余任總務廳第四科科長，管理出納。後因余兼職廣州市財政局出納，事繁不能兼顧，調李炳垣任總務廳第四科科長，余任第三局第三科科長，管理銀行。余回部後，調第一局第一科科長，管理賦稅。第二次改組後，李炳垣任庫藏科科長，余任賦稅局僉事，兼管軍需經理處出納事宜，及印花稅票印刷所事宜。

附軍需經理處收支一覽表

日期	收入	支出
每日一次	公安局三千五百元 市政廳三千四百元 財政廳一千二百元 籌餉局三千元范軍長面允八百元，從五月七日起每五日直接交滇軍總兵站 沙田清理處二千元撥東路軍 不足之數由財政部担任	滇軍兵站四千二百三十二元由籌餉局撥八百元 西路軍一千七百元 東路軍一千九百二十元 滇軍總指揮部一千元 贛軍八百元 軍政部各病院八百元 直轄第七軍七百元 軍車管理處七百元 聯軍軍醫處六百元 東路第三軍四百元 直轄第三軍二百二十七元
每五日一次	財政廳一萬二千元 市政廳五千元 監運使三千元 公安局一萬元 不足之數由財政廳担任	海防司令五千元 直轄第一軍四千三百元 軍政部三千元 直魯豫招撫使一千五百元 海軍一千二百三十元永豐艦六百八十元，海軍三艦五百五十元 北伐第二軍一千一百元 東江輯匪司令部一千元

南村草堂筆記（外四種）

（续表）

日期	收入	支出
每五日 一次		測量局七百元 交通局六百元 無綫電五百元 衛戍司令部五百元 長洲要塞司令部五百元 電信隊二百六十七元五角 北伐第三軍一百六十六元五角 兵工廠一萬五千元飛來廟製彈 廠五千元 大本營製彈廠五千元
每十日 一次	鹽運使六萬元 財政廳一萬伍千元 公安局一萬伍千元 市政廳一萬元 不足之數由鹽運使 担任	湘軍九萬元 豫軍二萬四千六百元 山陝軍三千元

歷任職員均在外食宿，惟葉任在部會食午餐，發起者盧秘書諤生。記其啟事云：

　　唐時入座會食有常，吾輩戶曹，寧足倫比。喬念珠之俸，雁尚隨陽；值炊桂之時，烏猶借樹。曉

144

趨郎署，案白如銀；夕下南衙，日長似歲。豈清談
之可飽，每燋腹而無悰。既殊待漏中書，可懷蒸餅；
尤異拜官員外，已飫花糕。不有午餐，曷療中餒？
爰飾籩簋，用集寅寮。坐位十人，敢擬蜚英之會；
份錢三百，不誇下箸之奢。喜南午之休閒，解東方
之飢渴。粗具晶飯，差勝素餐。奐必米粒青精，比
好顏於工部；倘許食單紫色，卜佳兆於魯公。請署
臺銜，藉供檔七。

職員在部，有閱三時代者：楊子毅、李景綱均自軍
政府經總統府至大本營；廖朗如及余均自總統府經大本
營至國民政府。有閱兩時代者：李載德、謝廷俊均自總
統府至大本營；黃樂誠、黃乃鏞、楊仲猷、姜伯和、葉
笑芙均自大本營至國民政府。獨鄭明德自大本營入部，
蟬聯至今，可謂碩果僅存者矣。

廖朗如嘗與楊子毅及余合拍《歲寒三友圖》，蓋余等
三人在財政部同事最久，至是舊人陸續出部，惟餘余等，
故留此以爲紀念。余有句云："好留松竹梅花在，粉署
而今尚苦寒。"未幾賦稅局裁而子毅去，賦稅科裁而余亦
去，朗如且先余辭職。天各一方，良時不再，真覺不堪
回首也。

余自十一年三月入部以後，在部辦事計歷五年。最樂時爲鄧任，鄧部長對於屬員不啻家人一般，並無官僚氣習。各同事又皆志同道合，親愛逾恒。廣雅書局亦雅潔可愛，備極山水友朋之樂，常令余流連不忍去。最苦時爲葉任，庫儲空虛，入不敷出，余司出納，適當其衝。各軍不諒，索款者仍紛至沓來，纏擾不去，每至寢食不安。兼職軍需經理處時，其苦尤甚。嘗因支票到期無款應付，滇軍軍需至拔鎗脅迫，有生以來莫苦於此。最窮時亦爲葉任，其時月薪二百四十元，本不爲少，但同事多，應酬大，且欠薪數月，事畜之資，幾於無着。最寬裕時爲十四年九月，是月三易部長，月薪亦分三次發給。雖共得一百元，但各同事怵於葉任欠薪，不敢浪費，因之絕無應酬，而是月遂爲至寬裕之月。最忙時爲廖任，部中文件除機要外，大率皆余任之，每日辦稿約三十餘件，更兼管印花稅票印刷所事宜，窮日之力，無時或息。最閒時爲宋任，賦稅科之事因各處成立，逐漸分割，馴至於無。余又主張與民休息，不忍獻一謀、畫一策，因之無所事事者數月。猶憶十五年四月，一月之內，僅辦一稿，是月月底遂與賦稅科同時被裁。

余昔爲《聽雨樓隨筆》，有記部中逸事數則。附錄於後。

余於近人書畫，酷愛陳樹人。乙丑五月與之同事，彼此均至忙，晨人暮歸，竟無暇與之談藝。然每觀其披答，如倚竹佳人，盈盈欲語，未嘗不三復把玩也。近觀所作《梨花帶雨》一幀，丰神秀逸，尤令余不忍去。惜功名誤人，近作絕少。然因是乃愈覺可愛耳。

甲子二月，財政部將改組，偶與澧川談及第一局同事姓名，皆相聯絡，至爲湊巧。如兩楊，楊子毅、楊仲猷也；兩鄧，鄧文偉、鄧偉謀也；三景，李景綱、朱景豐、陸景説也；三偉，劉偉才及兩鄧也；而羅慶堂、劉時英與余又爲兩慶、兩時。慶堂名繼善，景説名作霖，偉才即時英之字。此外，尚有張柏一人，姓名別字均無其偶，而號一諤。余曰：衆人諾諾，一士諤諤，其獨出固宜且得此，愈覺其巧。

奢侈品印花稅於乙丑三月設處開辦，以李朗如爲處長，廖朗如爲副處長。黃仲敏曰："真個朗朗如玉山上行矣。"既而停辦，又曰："如入寶山空手回也。"余謂此二語彷彿晉人，不圖得之於今日，更不圖得之於今日之政界。

　　總統府及大本營兩時代，所有徵收機關，大率爲軍隊所據。各軍既截留稅項，復相率至財政部索款。在總統府時代，海外捐款源源不絕，雖杯水車薪，尚可資挹注；至大本營時代，則惟恃印花稅款。當大本營財政部組織之初，印花稅票原版爲海軍處所得，由海軍處派員辦理；而廣東財政廳亦自製新版，派員辦理。正相持不下，余與林秘書黃卷奉令前往收回，幾經交涉，始克恢復原狀。嗣後極力擴充，於普通烟酒之外，開辦爆竹類、奧加可、火油類、奢侈品等四種印花稅，[①] 并增設印花稅分處、火油印花稅分處於廣西。厥後奢侈品印花稅因範圍太廣，稅率太重，工商群起力爭，遂以停辦。總計各種印花稅收入，每月普通烟酒約共六萬元，爆竹二萬元，奧加可五千元，火油正在開辦，預算約三萬元。此外，則開辦沙田驗領部照處、查驗不動產抵押外款處、中國銀行清理處、廣東省立銀行清理處、廣東儲蓄銀行清理處，所得均有限。而廣東造幣廠預算每日可獲溢利五千元，甫開工即停辦，所鑄紀念幣徒供世人之賞玩，未嘗行使於市面也。又嘗發行短期手票及短期軍需庫券，雖稍濟目前之急，而畫餅充飢，只自益其飢而已。至國民政府，則陳炯明之粵軍早已消滅，楊希閔之滇軍、劉震寰之桂軍均已肅清，許崇智之粵軍亦已改編，廣東全省

---

　　① 奧加可，英語 arrack，即燒酒，當時又稱火酒。

爲蔣中正之黨軍所統一。軍權既統一，於是我輩數年來所渴望之財政統一遂以實現。乃收各籌餉局爲籌餉總處，收禁烟督辦爲禁烟總處，收粵海關監督爲稅務總處，收兩廣鹽運使爲鹽務總處，合各印花稅處爲印花稅總處，改火油印花稅處爲煤油專賣處，收硝磺局爲爆烈品專賣處，收廣東烟酒公賣處爲烟酒公賣處，收廣東沙田清理處爲沙田清理處，改泉幣科爲内國公債處，改會計科爲統計處，又增設桑田特稅處、緝私處。酒細羊肥，無復如前此之日夜窮忙矣。

附各種印花稅開辦時稅率表

種類	稅率
爆竹類	甲等每百斤毫銀三元六毫 乙等每百斤毫銀二元四毫 丙等每百斤毫銀二元二毫 丁等每百斤毫銀一元五毫 戊等每百斤毫銀六毫五仙
奥加可	每百斤大洋二元
火油類	每一加倫大洋四分

（续表）

種類	税率
奢侈品	修飾品每值一元貼二分，每件價在三角以下者免 毡毯類每值一元貼二分，每件價在十元以下者免 銀器類每值一元貼二分，每件價在一元以下者免 鍾錶類每值一元貼二分，每件價在十元以下者免 顧繡類每值一元貼二分，每件價在一元以下者免 皮草類每值一元貼三分，每件價在三十元以下者免 玩具類每值一元貼三分，每件價在三角以下者免 金器類每值一元貼三分 玉器類每值一元貼三分 珠寶類每值一元貼三分 牌類每值一角貼一分

東齋雜誌

番禺鄔慶時白堅著

東齋雜誌自序

　　《東齋雜誌》一卷，余紀念時敏學堂之所爲作也。時敏開學在光緒戊戌，至今戊辰恰三十週年。同人買舟海珠舉行紀念□□余於此際回首當年，不覺百感交集。酒後耳熱，舊事重提，奮筆疾書，成此雜誌。所誌自余一身之夢痕，以至世界之文化。其間遺文逸事雖魚龍曼衍，變幻百出，要皆不離乎時敏者近是。余初入時敏，實寓東齋，東齋亦一可紀念者也，因以名吾書。書成，余攜重光兒到杭州，遇汪千仞先生於西湖。先生贈余詩云：“耕雲偉集拜家傳，歇浦匆逢瞬十年。我愧居貞稱矯矯，君仍進德日乾乾。清談人對空朋裏，舊夢痕追戊戌前。那不老身儕廢物，請看雛鳳又翩翩。”自註：“時敏學堂開辦，在戊戌政變以前，粵省群校，此爲獨早。教育界中向有‘戊戌前學校’之尊稱。君來述及該校開三十週紀念會時，同人深以昧余山中居址，無從相邀爲憾云云。"此又一可紀念者。附記於此，以誌不忘。

　　中華民國十七年雙十節，鄔慶時識於南村草堂

東齋雜誌^①

　　余未入時敏學堂之前，所知者惟詞章考據。至於天地之間知有宇宙，宇宙之內知有思潮，則得諸入校以後。龍伯純先生所爲時敏學堂修身講義，是爲開宗明義第一章，猶憶初讀之時，相顧咋舌，詫爲怪物。幾經問難，始得釋然。余自是思想爲之一變。

　　伯純先生嘗以自得語書余箋頭云："精悍如東日本之壯士，視刀劍如麵包；名貴如意大利之美人，馳寶車於人海。氣如西伯利亞鐵路，吞吐全球；腦如英吉利城都市，羅列萬有。以天地爲學堂，以時刻爲歷史。"汪千仞先生亦題云："見得世界上無所謂死生，無所謂憂樂，惟有勞身焦思，以圖造國民之幸福，張社會之權勢。樂利

---

① 原有"卷一"字樣，以無續作，今刪。

主義，極善極善，但今日必當於苦死中求樂利，乃能有真樂利。否則樂利二字，亦即腐敗之變辭耳。"此亦余新思想之策源地，至今猶寶藏之。

余自入校，思想一新。而余所得，乃爲最舊之經學。其學得自程子良先生。嘗料其書，記爲《經學導言》一書。自序云："孔子卒後二千三百八十一年，桂平程子良先生來廣州，講學於時敏學堂。其時西學東漸，甫露萌芽，舉國若狂，醉心歐化，廢經之説多有倡者。即或倡言國粹，亦子史之學已耳，罔以經爲念也。夫經爲孔子大道所存，而中國二千年來宗教、政治、學術、風俗之所由出，其烏可廢？且西人之所謂良法美意至理名言，求之於經，所在多有。誠因時因地因人而損益之，則救國之道皆在於是，又何廢之之忍云。雖然，亦無怪乎其欲廢之也。子貢曰'夫子之牆數仞，不得其門而入，不見宗廟之美，百官之富。得其門者或寡矣；當時猶然，矧於今乎？古文既出，經學日棼，歧途無歸，窮年莫究，童而習之，白紛如也。國家需才如是，其亟當學之，學又如是其多，有限之歲月，有限之精神，何能盡以事此？況盡用於此，亦未必可以通經而致用也。先生有憂之，是用大聲疾呼，提倡西漢今文之學。以今文之學爲孔氏之正傳，而學者之正路也。王道平平，直達堂室，既夷且捷，何樂如之？且千途萬徑，以入室爲歸，既直達矣，則奚必遍歷歧途，枉勞車馬乎！慶時得此南針於大霧之中，遵道而行，霧迷若失，乃知通經實不難，所以難者，未得其門徑故耳。竊恐口說之久而遺忘也，又不忍自秘，因記述其要，引伸其旨，整理其序，案飾其辭，演爲《經學導言》三十章，都八千餘言。修辭尚簡，陳義務約，祇求辭達，無取文繁。指點一言，分明歧路，庶省腦力，免費韶光。雖不敢曰治經者必須如是，然必如是而治經，中國之前途乃有濟也。愛國之君子，其亦樂道之歟？書成於癸卯六月至壬戌三月，世變愈亟，余以治經之不可緩，比前尤甚，因藉《經世報》以公諸世。余於時敏，以此爲最足紀念之一事。"

余在時敏，覺無一科不須假年以學者，年復一年，孜孜不倦，居恒眷戀，而不忍去。譯學館開辦時，譚監督少沅擬送余入學，余不願去；京師大學開辦時，鄧監督伯粹亦擬送余入學，余又不願去。卒以學制既定，改辦中學，遂不得不離校而去。去之日如嬰兒斷乳，不自知其老之將至也。

兩次選送均不願去，非獨余也。楊幹周、馬貞石、馬子薪、馬清海亦然。離校未幾，清海死矣，而余四人復同學、同事，魚水相投，二十餘年如一日，殆佛氏所謂有緣者歟。

　　清海早死，遺稿無多。記有《次和余讀〈春秋〉有懷一》律云：“滄桑閱歷幾經秋，無限烟波入目愁。剩有蓮花超浩劫，空餘柳絮證前修。昇平托世徒虛望，公穀傳經亦隱憂。回首東齋明月夜，不勝風雨悵西樓。”幹周亦和云：“別來容易又當秋，多少新愁與舊愁。世界大同還未見，春秋奧義愧徒修。從今多譯葛溫本，爾後不登王粲樓。天地悠悠無別憾，平民痛苦感予憂。”子薪又和云：“青鬢參差又一秋，已無瑤館築忘憂。十年影事來幽夢，半醉心情釀別愁。可有金甌供再擲，且將黃卷證前修。非關王粲依人恨，極目蕭條怕倚樓。”此段文字因緣，似在甲辰暑假，爾時余等已由東齋遷寓西樓，故清海及之。而東齋爲余等念念不忘之處，亦於斯見之。

　　同寓東齋者，尚有陸敬羽、王孝若、方棣蓀、盧可峰。可峰能於高談雄辯之中，一面談論一面著述；孝若亦才氣縱橫；敬羽則風流自賞；而棣蓀獨閉户潛修，對於鄰房之談笑常充耳若弗聞也。

　　交游之廣，以梁少障、張少雲爲最。而無人不知其名者，則黃仰乾也。馮錫玖亦名震一時，則以隔窗擊人，奮不顧拳故。鍾維周又以倒讀姓名頗饒語趣，芳名三字，常掛人齒頰間。①

以槓架著名者爲劉子京，力勁身柔，圓轉如意，時年纔十一二耳。而校役盧福，年七十餘，鬚髮皆白，亦能在槓架上顯其好身手。兩手執槓，足緣槓上徐徐下垂，以腰壓槓，蹠足取力，旋轉如輪，謂之後挺。觀者危之，而福必轉之，數次乃已。及今思之，福殆曾習拳術者，惜未嘗一細問之耳。

當時以醉心新學，拳術一道都不過問。後遇葉日銘，聆其言論，瞻其丰采，覺習拳之後與習拳之前判若兩人，始悠然有習拳之志。子薪亦同有是想，而人事牽纏至今，尚未能實現也。子良先生云：“老去方知新學誤。”余亦云然。

子薪嘗以年假邀幹周及余游荔堤園，乘興復游西樵，樂甚。均有詩紀游，而余獨多刺刺不休，乃至百餘首。今欲搜之，都不可得。惟憶“白雲深處夜聯牀”一句，亦不復記其爲誰作也。

① “鍾維周”倒讀即“周維鍾”，諧音“周圍鍾”，粵語“鍾”謂跌落。

余因伍韜若，得游北京大同間諸名勝。登長城有句云："如此江山斷客魂，塞雲漠漠欲黃昏。半林霜葉紅於血，卻爲阿誰補淚痕。"歸後，適馬小進攜《居庸秋望圖》索題，寫以塞責，並言其故。子良先生聞之笑曰："韜若可謂有大造於西矣。"後讀姓譜，馬出於嬴，與秦同系，始知其語之妙。[①]／韜若，同學中之應選入譯學館者也。時亦有句云："一聲汽笛過居庸，水盡山窮路轉通。漫道閉關能自守，頹垣半倚夕陽紅。"

當時應選入京者，譯學館則伍韜若、陳潤棠、陳仲韜、王子騏，京師大學則馮燕農、陳希堯、譚同一、何若鄴；而蕭友梅、鄒少毅、危芑濱、區相平又先後留學日本。余班同學僅餘數人，顧教者學者研求益銳，不因是而稍懈也。

同學中有因研究算學而死者，盧寶琛、黃飛若也；有因研究文學而死者，朱應新、徐精一也。精一嘗集近人句，題先君詩集云："山堂詩筆迥清新陳澧，南國風流是俊人張之洞。著述早成酬短景鄭孝胥，劇憐同願不同伸沈曾植。""幸有詩書付子孫實廷，中郎已逝典型存樊增祥。詩

---

① "有大造于西"，語本《左傳》。"秦師克還無害，則是我有大造于西也"，本指晉國有恩于秦（秦在西方）。

160

筒把向江天讀_{陳實琛}，世上點塵不到門_{梁鼎芬}。"短景一聯，竟成詩讖。每一讀之悲悼無已。

與精一齊名者爲馬崑佩，崑佩執教鞭於母校者十餘年，今則棄文而從武矣。而學陸軍者如危芑濱、黃梅舫、謝紀原、譚頤嵩、盧國杰、陳國倫、劉守信及慶逢弟等，除譚盧早死外，則又棄武而從文。慶槃弟畢業高等警察，現亦備員工兵團，所學非所用，殊爲人才惜，抑更爲造就人才者惜。

昔日所學，在當時竟直可稱爲無用之學。蓋科舉未廢，獎勵未定，即使學成，亦不足以干祿。且所學愈進，去干祿之途愈遠。以是之故，來學者悉不以干祿爲念，而不上課之惡習無由發生，擇師運動更未嘗有。學者專心讀書，教者認真授課，相親相愛，儼如一家，學風之良，二十年來不可復見矣。

師道不立，等於傭工。計時受金，計金授課，交易而退，恝然相忘，學生之能領受與否，進步與否，絕不計及，在今日幾於夫人皆然。以視當日各教員，何止有上下牀之別。各盡所能以授學子，課外加課，時時爲之。雖不免時有陳義太高，求效太速，督責太甚，約束太嚴之病，而學生之所得，不可勝算。伯純先生之督造日記，其益尤大。日記體例分記述、評論、疑問三門，每日至少三條，每晨呈閱一次。先生批評或解釋，之後趁功課餘暇送至食堂，交換閱之。余等處此，真如日飫五侯鯖也。

伯純先生與千仞先生於講學之暇，倡辦廣東女學堂，爲吾粵女學之始。爾時風氣初開，能演説者甚少，胸中雖有千言萬語，一登演説臺即呐呐不能出諸口。甚至有預爲演説辭，執卷照讀，亦手口俱顫，不能自完其説者。先生乃日以演説術訓練諸同學，復與陳劍秋、陳景亮兩先生創辦演説會，每星期日招集名人到校演説，而演説之術果大進。時陳舜伯僅十一二齡，即能於大庭廣眾中高談天下事矣。

子良先生一意講學，不甚談時事。戊戌之變，先生與康廣仁同入獄，幾不免。殆以是而養晦歟？

子良先生湛深經術，尤精《春秋》。顧不事家人生産，每有所得，隨手輒盡，而座客常滿。嘗以一日納兩妾，納妾之夜，竟無以爲炊，抑亦不自知也。一時傳爲美談。

曹頌儼先生與子良先生交至深，而爲人迂謹，喜談道學。先祖父重逢花燭，先生壽以詩云："南村人瑞紀春王，春月團圓照畫堂。紅燭兩行人老大，孫曾扶杖入新房。」「色相原來不肯空，老人花燭慶重逢。試思六十年前夜，白髮婆婆拜老公。」「介壽杯爲合巹杯，百年壽者洞房開。畫眉老筆嗤張敞，畫到春心入妙來。」「我不識公爲公慶，姻緣指點到春婆。再逢花甲新夫婦，一對鴛鴦入帳羅。」或謂爲先生一生最不羈之作。即此可想見其言之不苟矣。

葉次周先生言論最爲不羈，而時有獨到之處。所爲《人生學》、《大同學》等書，若可解若不可解，迷離惝恍不可方物。當時皆稱爲奇書，浸且稱爲奇士。

蘇幹南先生亦一奇士也。陳仲籛先生嘗在食堂解剖屍體，與各同學共同研究。先生少習海軍，身經大戰，獨不敢往觀，數日之後，仍在外用膳。人皆笑之，先生亦報以一笑。後供職海軍部，終日翻譯，絕不應酬。苕濱遇之，始知易名爲劉古愚云。

陳重遠先生之學英文，半由人授半由自修。時幹南先生授高級英文，區清泉先生授初級英文，先生以初級而兼備高級之書。遇幹南先生上堂，輒執卷旁聽，然不識草字，抄錄粉書幾於每字必問。明年聯捷成進士，又明年留學美國。不數年以英文著《孔門理財學》，得博士而歸。鍥而不舍，有志竟成，余等對之真當愧死。

徐善伯云重遠先生留美時，美人咸尊敬之。細審其故，則以先生爲內閣中書也。內閣中書雖爲無足重輕之官，以英文譯之，則皇皇然政府之秘書矣。虛榮之觀念，雖美人猶不免，惟然，而霸者得以售其術矣。

從前習英文者，大率爲耶教徒。不爲耶教徒，則自余等始也。余等於開學之時及每月之朔必拜孔子，孔子誕日更爲極隆重之祭與極熱鬧之會，齊集演講，以闡發尊孔之旨。憶癸卯大成節，日本教員小山內精一郎亦隨同行禮，感化之力，漸及於外人矣。後此重遠先生倡辦孔教會，其論實發於此。

日本教員，除小山外，尚有藤岡好一、伊東久藏、井上道朝、宇野海作等先後來校，頗極一時之盛。余與小山最稔。嘗參觀將弁學堂，偕登飛橋中渡，橋軟進退維谷，小山在後極力催之，迨發足直前，則橋身轉硬，如履平地。小山爲之詳言其理，因悟勇猛精進，實爲辦事之不二法門也。

"勇猛精進"四字，董事會之辦時敏，差可當之。蓋創辦於戊戌維新之初，而維持於戊戌政變之後，經萬險，冒萬難，奮不顧身，亘二十餘年。其進鋭，而其退不速，當時辦學者無有能及之。即余等思所以繼起之人，亦尚望塵弗及也。

繼起之多，莫如日報之有附張。壬癸之間，時敏書局、《時敏日報》先後開辦，而《日報》之編輯景亮先生實主之。其時廣州各報，只有論説、邸抄、新聞三欄，先生始於三欄之餘，附載諧談、小説、粵謳等小品文字，談言微中，令人不忍釋手，後更擴爲附張。今則無報不有之矣。溯其起原，則先生其始祖也。先生又送其女公子敬存肄業於時敏小學，亦爲男女同校之始。

余入校時，景亮先生爲監督，而劍秋先生爲坐辦。其明年，裁坐辦，少沉先生繼爲監督。又明年，伯粹先生繼之。余離校後，則鄧君壽、鄧恭叔兩先生相繼爲校長。董事之未嘗長校者，黃詔平、黃柳三、陳君復三先生也。

詔平先生工詩，著有《倚劍樓詩草》，有《醉歌爲鄧君壽壽》一首云：“開長筵，張廣樂。夜未央，酒初熟。銀蟾勸我千百觴，我醉爲君歌一曲。人生百年勞者軀，豈能因人長碌碌。如君意氣排高閣，上凌斗牛下岳瀆。捫天藻耀翔鵷鷺，選錢聲價倍鴬鷟。起視群季翩翩皆惠連，前者吹篪後者續。一門孝秀蔚國華，合有機雲

繼芳躅。我與君爲肝膽交，躋堂不作諛詞祝。憶昔中東
肇釁時，波濤掀翻國步蹙。屠狗牧豬翔天衢，未能遠謀
皆食肉。人才不作當奈何，駑駘騰驤騏驥伏。君懷杜陵
廣廈心，每念樹人如樹木。讀書不悔十年遲，課學自糾
三餘足。開智之樓高巍巍，嬛嬛古香吐芬馥。養成杞梓
皆國楨，匹夫終成裨大局。願君珍重百年身，無徒攖情
五斗粟。我率孤寒八百人，歲歲持籌添海屋。"所言創辦
時敏學堂之故，至爲深切著明，不啻一篇緣起也。開智
樓，即校中藏書樓，後爲民軍所擾，焚書當薪，嬛嬛萬
卷，蕩然無存。現僅存少沅先生所書扁額而已。

少沅先生學書、學詩均至堅苦，嘗示余《題北郭酒
家》云："天無曲惠惟春色，城市鄉村一樣深。稍遠囂塵
花亦隱，似還少日樹初陰。清閒漸笑忙人事，俯仰猶能
鬱古心。疏竹短籬風淡蕩，夕陽斜處動微吟。"余讀至
"花隱"之句，忽憶"梅花自由"一事，笑謂先生真花
之知己也。壬寅之冬，校中梅花盛開，有折取者，先生
爲文以戒之云："梅花者，天賦自由。春來起點，際此檐
前獨立，原與世界無爭，豈宜虐等天行，理隳以太。[1] 勸

---

① "虐等天行"似不通，疑"天行"爲"天刑"之誤；"理隳以
太"，"以太"爲早期物理學所假設的宇宙中之媒介，康有爲、譚嗣同將
之與傳統的"仁"、"不忍人之心"等觀念相比附，故此處有"理隳以
太"之語。

諸君取一雙素腕，忍耐呵寒；願化身作十萬金鈴，爲花請命。如其尚遺公理，開罪名花，請輸買酒之錢，并誌折枝之過！"一時省港各報競相登載，題曰《梅花自由》。於是，"梅花自由"遂成佳話。

曾入佳話之梅花，余赴二十週年紀念會時，猶見之獨立檐前，依然無恙。會凡三日，校友赴會者絡繹不絕，臨別各贈《天女散花圖》一幀。或以爲不祥之兆，未幾果停辦。停辦後，同人於是共謀繼起，加入金湘帆、鄧槐廷、周道遠、黃明伯，及韜若、燕農、貞石、子薪、彝伯、崑佩與余爲董事，組織新董事會。以種種關繫，數年以來，僅向鐵路專門學校收回校址，及每歲舉行一消夏會而已。

消夏會向於荔枝灣行之，以其接近母校。回溯舊游，歷歷在目，校友於此自當增多幾許興趣。今年改在海珠舉行，偶談及此，陳匡一提議開三十週年紀念會，刊三十週年紀念册，以留紀念。余謂紀念之最廣且遠者，莫如時敏橋。橋本無名，以時敏學堂得名。今之游荔枝灣者，或不知有時敏學堂，而無不知有時敏橋也。

由時敏橋而西，爲柳堤，堤盡處爲操場。校門在場之北，建築仿祠堂式，上懸張文達公手書"時敏學堂"

匾額，伴以"冠冕南極，砥柱中流"一聯。入門左爲號房，右爲招待室。再進爲天階，兩旁有廊，廊之上下爲教員住室，中爲會客室，廊南各有小樓，則坐辦及監督室也。越階爲講堂，其上有樓，即開智樓也。堂後有職員室，再進爲沙地，四週種梅，中樹秋千及槓架，兩旁爲東西齋，齋上爲東西樓，俱備學生寄宿之用。齋盡爲後門，出後門爲厠所，厠所建於荷香之上，荔陰之下，蓋校之三面皆荔堤，而荔堤之外，又皆荷池也。其後於校之西築小學一所，再後於沙地之北更築講堂一所，而東西樓亦略有修改。近年以來，無復舊觀矣。癸卯之春，以小學學生日多，校舍不能容，乃擇長壽寺之風旛堂爲分校，擬將小學遷入。寺僧陽不與抗，而暗使無賴毀之，鬧學風潮愈弄愈大，長壽寺之夷爲商場，此其一因也。

當時學堂章程尚未奏定，所有編制及功課皆以意爲之。其初分大學、小學兩種，小學又因其程度分爲四班，大學授修身、國文、經史、地理、宗教、政治、格致、算學、英文、日文、體操等科，小學則減宗教、政治、格致、日文，第三四班更減英文。迨學制既定，乃照中學章程辦理，并定名爲時敏中學堂。

學制既定，公私學堂相繼開辦，粵人歧視時敏之見始漸漸消除。猶憶未有學務大臣之前，粵中人士對於余等，不指爲康黨即指爲耶教徒。偶一過市，輒聞鄙夷唾罵之聲起於背後，戚友相遇，亦往往以退學爲勸。每當兵式體操時，余獨捧大旗前行，尤爲愛我者諄諄切戒。此當日廣州文化之情形也。

至於當日廣東文化上情形，《戊戌政變記》言之頗詳，今節錄如下：廣東爲泰西入中國之孔道。濠鏡一區，自明代已爲互市之地。自香港隸屬於英，白人之足迹益繁。故廣東言西學最早，其民習與西人游，故不惡之，亦不畏之。廣東人旅居外國者最多，皆習見他邦國勢之强、政治之美，相形見絀，義憤自生。中國人工作之勤，工價之廉，而善於經商，亦惟廣東人爲最。前者中國曾兩次派遣學生留學美國，其人皆廣東產爲多。今率皆淪落異國，其實此輩皆維新之才也。[1]

《戊戌政變記》之述變法起原，略謂喚醒支那四千年之大夢，實自甲午一役始也。乙未二三月間，和議將定，康有爲創議上書拒之。和議既定，公車既散，康有爲復上書言變法下手之方、緩急之序，既不克上達，於是創《萬國公報》，倡設强學會於北京，設强學分會於上海。

---

[1] 《戊戌政變記》，梁啓超著，以上所錄見原著附錄之《改革起源》、《湖南廣東情形》兩篇。

御史楊崇伊請旨查封，十一月遂被禁止。至丙申二月，御史胡孚宸奏請解禁，會員黃遵憲、梁啟超、汪康年謀將上海強學會改爲《時務報》。《時務報》既出後，聞風興起者益多，各省志士爭醵資合群以講新學。此兩年内，各省私立之學會、學堂報館略列如下：

味經學會　陝西

地學公會　湖南

顯學會　廣東

遜業小學堂　廣東

蘇學會　蘇州

質學會　湖北

聖學會　廣西

廣仁學堂　廣西梧州

粵學會　廣東

群學會　廣東

農學會　上海

蒙學會　上海

通藝學堂　北京

知恥會　北京

時務學堂　湖南

南學會　湖南

明達學堂　湖南常德

任學會　湖南衡州

衡州時務學堂　湖南衡州

算藝學堂　湖南瀏陽

算學報　上海

群萌學會　湖南瀏陽

南學分會　湖南岳州

八旗奉直小學堂　北京

時敏學堂　廣東

大同譯書局　上海

譯書公會　上海

測量會　南京

不纏足會　上海、廣東、湖南、福建、新加坡

女學堂　上海

校經學會　湖南

致用學堂　湖南

知新報　澳門

湘學報　湖南

湘報　湖南

天南新報　新加坡

公理學會　湖南、廣東

中西學堂　浙江紹興

東文學社　上海、廣東

大同學堂　澳門

原生學舍　澳門

大同學校　橫濱

實力學堂　新加坡

格致新報　上海

兩年以來，支那人士之識見言論，頗有異於昔日。從前自尊自大自居於中國而鄙人爲夷狄之心，多有悟其非者。而湖南、廣東兩省實可爲改革之原動力焉。雖有政變，而民智已開，不復可遏抑矣。此又當日中國文化上之情形也。夷考當日所有學會、學堂、報館，均怵於世界文化蒸蒸日上，思以開發民智，造就人才，起而與兼弱攻昧者抗。然根基未固，一遇政變，即隨維新之局以俱去。其巋然爲魯靈光殿之存者，惟時敏學堂而已。然人之謀我，不因是而稍後，則我之需才，自因是而愈殷。此余等所爲念念不忘，而思所以繼起也。[①]

東齋雜誌終

---

① 以上所録見附録之《改革起源》。

鄔慶時談往四種

廣東沙田之一面

沙田由沖積而成，人多知之。其實，天然積成者甚少；大部分是人工造成。

人工造沙田之法：先在沙田之四圍，選擇其可以人工造田之一方或兩方，估量其可以人工造田之幅度，調查其上下左右乃至對面往日人工造田之過程與經過其間之江流及潮流對於人工造田有何力量，然後在適宜之點放下鐵牛。鐵牛，鑄生鉄爲之，狀如牛而大，每頭重數千斤，四足伸出，作立態，以便插入水底泥中，牛身受上層壓力愈重，則四足之植立愈穩固而無傾斜之患，如建屋之打樁一樣。牛頭或左顧，或右顧，上下左右，回顧有情，無直向前者，所以引水歸源，使江流或潮流至此而改道，並挾冲積層以入自己造田之範圍，日積月累，造成自己之腴田。亦有使之冲塌對面之沙田而移爲己有者。放下鐵牛之後，江流及潮流受其阻力，即生變動。因而所挾之沙泥亦生變動。久而久之，沖積層越積越多，越積越高，成爲魚游鶴立之沙坦，世人遂名之曰沙田。造成之時間，或數月，或數年，或數十年，不一定。視乎放下鐵牛者技術之高低及環境之有無變化。倘天時地利發生變化，或他人在他方所放之鐵牛其反射力足以沖塌所造，則所造不惟不能成，並其鐵牛及原有之熟田亦或不能保。此所以無力者不宜於食沙田，而沙田遂爲有力者之囊中物。（宣統《番禺縣續志》19《何會祥傳》有云："會祥自通籍後，漸富田宅。適邑有甲乙二姓爭青烏沙田，訟於官。慨然曰：'我有田，留之子孫，子孫未必能守，或因權利而互相爭訟；或因勢弱而他族欺凌，是爲二姓之續也。與其爲一姓私産，曷若爲闔族公業，可期永久？'遂割所有田爲始祖嘗業。其後此田子母相生，萬有餘頃，田稅爲一邑冠。"是其一例。）

鐵牛成本重而無近功，近人乃改爲石牛。先買廢爛之大船，駛至可以采石之荒島，然後爆石，取其大且重而不可作他種用材者，推之下船，運至所欲放下石牛之處，俟潮落時，鑿穿船底，連石沉下，即於船之兩旁，竪樁夾之，使潮水不能推翻，亦可得田。是名石牛。石牛成本輕，而成功速。惟限於淺水之處，所得無多，不能造成大規模之沙田。但海水之淺，實係天然沖積之特徵，有此基礎，自可收事半功倍之效，逐步發展，得寸進尺，亦未嘗無發展之餘地。故數十年來人工造田者多用之。（張錫麟《榘園文鈔》下《司馬公事略》有云："價領番屬騮岡三沙，於圍外築石壩，使積淤成坦，築坦成田。"是其一例。）

人工造田，向海一方面發展，則有利而無害。若向河一方面發展，則有利亦有害，且害多而利少。其利人皆知之。其害則知之若不知，且故意爲之；極力爲之。越做越多，因是沙田日多，河道日狹。潦水猝至，不能宣泄，往往成災。利己害人，莫甚於此。（宣統《番禺縣續志》23《任壽昌傳》有云："光緒間當道議傍珠江築堤以拓地。壽昌聞之，嘆曰：'珠江匯諸水而注之海，水勢浩瀚，今不浚之以宣其流，反建堤以壅之，吾恐省城以西，將成澤國矣。'議雖尋罷，後二十年，堤卒成，水果爲患。"是其一例。）

沙坦積成，例應報官，名爲"魚游鶴立"，兩年之內，業主不須納稅；佃人亦不須納租。沙田之業主，多爲業主中之有力者；沙田之佃人，又多爲佃人中之有力者，同惡相濟，用能以人工做成沙田。而沙田在"魚游鶴立"兩年之內，未必遂成熟田。但一經呈報，年期屆滿，糧房即向業主提出升科，開征斥鹵稅。若有一個不字，則要挾勒索，或唆使佃人舉報。佃人又往往貪圖小利，和盤托出，而業主得不償失矣。業主既多爲有力者，大率不放糧房在眼內，或更憎且惡之。而糧房亦消息靈通，知其力量，多不敢發作。因是成而不報，報而不升，視爲當然，毫不爲怪。及有力者死去，其子若孫多未嘗到過沙所，不知沙田爲何物，更不知有人工造成沙田之一事！至其所造成之沙田在何處，其近況如何，充耳不聞，亦不復理。而管理沙田之權，遂旁落於管家及引耕之手。管家、引耕，狼狽爲奸，趁少主不知首尾，串同佃人，瞞騙田租，而多在新生之沙田着手。故新生之沙田，少主多不知之。新生之沙田應按時呈報或升科，少主更不知之。自己已成爲瞞稅之罪人，少主亦不知之。相習成風，而沙田之新生者雖多，惟呈報者則甚少，升科者則更少。此種情形，官廳亦不知之，惟糧房獨知之。糧房無世襲之名，而有世襲之實，明查暗訪，若有所聞，便認爲特別之財源。於業主，管家、引耕、佃人以及沙夫各方，串同未曾瞞稅之一方或多方，以要挾勒索曾經瞞稅之一方或多方，終則縱容包庇曾經瞞稅之一方或多方，並參加曾經瞞稅之一方或多方，聯合未曾瞞稅之一方或多方，以瞞騙官廳之一方。坐地分肥，扶同作弊，處處如是，年年如是，遂無復有升科，更無復有呈報者矣。此廣東沙田之所以有清理處也。而廣東沙田清理處人人清理，處處清理，日日清理，年年清理，顧總不能清理，其肯綮未嘗不在於此。（宣統《番禺縣續志》23《何貴龍傳》有云：“時方清理沙田，沙棍某訕知沙灣大鵬濠下二沙田四十餘頃，串吏矇稟，指爲溢坦充公。貴龍憫失業者衆，願白於大府以直之。某懼，倩人唔以重資，勸止。貴龍置弗恤，益銳自任。卒得請，給還原業。"是其一例。）

"魚游鶴立"，既閱兩年，是名"坦田"。坦田多數種草。草可以織席，又可以做包，比之水稻，較爲粗生。若遇鹹潮，雖過面一夜，亦不淹死，坦田種之，最爲適宜。種之兩年，沖積層更高，便可改種水稻。坦田種水稻，因春初水漲，不能下秧，若勉強下秧，常有水浸過面之危險，只得待到波平水靜，乃蒔單造，最好亦不過擇藳，總不宜蒔早造也。然亦不必蒔早造以謀兩造。因爲單造比之兩造，人工省其半，肥料亦省其半，而收穫則往往過半，有時可得兩造百分之七十，與種草同。但種草只可以連種兩年，兩年之後，即不能繼續下去。而種稻則兩年之後，或續種，或改種，均可。相間種之，更爲合宜。

坦田所得，佃人可值熟田百分之七十（例如每畝收穀熟田 1000 斤，坦田則 700 斤），業主則值百分之五十（例如每畝租銀熟田 10 元，坦田則 5 元）。既有收入，應行升科，繳納斥鹵稅。再過數年，沖積層更高，無鹹水之害，而有潮水之利，雖遇大旱，亦不成災，是名"潮田"。業主佃人之所得，比之坦田，更爲穩固，應又升科，視其肥瘠，分別改納下稅或中稅或上稅。業主既多瞞稅，常有熟田經數十年尚納斥鹵稅者，或竟直連斥鹵稅都不納者。故沙田清理處一經查出，無論曾經呈報與否，曾經升科與否，一律升爲上稅。但查出亦殊不易，因業主、管家、引耕、佃人以及沙夫、糧房，多扶同作弊，不肯揭發。而其田子母相生，何處爲母，何處爲子，非統行清丈，不能發覺。而統行清丈，一法立、一弊生，防不勝防，往往得不償失。只有勸業主自行報升，及獎勵舉報，希望曾經參加瞞稅而現在已經或將近退出之人貪圖獎勵而舉報多少，然亦不可多得。直至土地改革，收歸國有，無可隱瞞，無可避免，復無可圖謀，始行和盤托出。

沙田因在海邊，不患旱而患風。風至傷禾，瞬即成災，最爲可畏。其次忌水，鹹流猝至，或潦水積滯不通，亦傷禾稼。防此兩患，爲業主者乃各就地勢或地權而築圍。圍基高丈餘，闊數丈，於潮落後，深挖河中之泥而爲之。一面阻水之入圍，一面利水之出海，至相得也。基上種蕉，間以番石榴及荔枝。荔枝根能護泥，樹能阻風，果又最佳。但種之多年，乃有收益。番石榴比荔枝略差，而成長較速，不過兩年，便綠葉成蔭子滿枝矣。蕉則更快，數月之間，便收大效，爲圍基必種之樹。近年亦有種蔗者。蔗可榨糖，其利尤大，而成本比較重，種之兩年，便須改換，與蕉相同。兩者相間種植，最爲適當。佃人結茅爲寮，居住其間，出作入息，漸成村落。較低之處，必留桓口。圍內需水灌溉，則按時開桓，以進潮水。水既足用，則閉而留之。水若有餘，又開而泄之。圍基築成，則不復患旱，不復患水，亦不復患風，是名圍田。爲沙田中之上田。

沙田除種禾、種草、種蕉、種蔗、種番石榴、種荔枝外，在百年前，每於圍基種水松。水松之根，吸水份，種以護基，實爲最宜。但無果實，樹蔭不茂，成長亦慢，近人多不種之。現存者多百年前物，最近亦已數十年，而其枝幹，不及一二年之番石榴。只有斬伐，而無新種，想不多時，將不復見。又有種橘者，亦無果實，惟樹茂而根深，宜於阻風以護基。當風之處，現仍種之。或於基外種蓼，亦以其能阻風、阻水以護基，雖無果實，猶取而種之。

此外，更有鴨阜及禾蟲阜。泊船圍邊，船面扎竹爲排，上蓋葵篷，以避風雨。每排視其面積，養鴨千數百頭不等，一人或二三人手持長竹竿，竿端扎葵葉少許，清晨趕鴨上圍基或桓口，縱鴨搜捕蟚蜞或魚、蝦、螺、蜆與蟲類以爲食。暮則趕回鴨排。迨收穫後，田中多遺穗，則趕鴨落田，取所遺穀粒食之。鴨至是成長極速，而且肥碩，即可上市，獲利不貲。惟利之所在，人所共趨，不有約束，紛爭立起。乃設沙夫以管理之。按鴨收費，名曰鴨阜。田禾將熟，每值潮落，輒有禾蟲，從禾根涌出，五色班斕，浮游水面，隨流出桓，一去無踪。知者於桓口設布袋截取。煮而食之，其味鮮美，絕可口。

嗜之者衆，亦可獲利。沙夫又出而收費。不納費則不得在�口截取，名曰禾蟲阜。鴨阜與禾蟲阜均屬於最初築圍之業主。業主不便自理，則組織沙所，雇用沙夫，以管理之。賣田時若未聲明出賣，則組織沙所，雇用沙夫，及收支各阜費用之權仍屬於舊業主，名曰沙骨。沙骨亦往往爲管家、引耕串同私收，甚至私賣；又有被沙夫竊取或佃人霸佔者。多因田已賣出，舊業主不知首尾，以爲隨同賣去，不復過問。而不知無其實者尚有其名也。養鴨與取禾蟲之外，尚有養鵝，取魚蝦蚝殼等，亦屬於鴨阜、禾蟲阜之一類。但非一般沙田皆有之。

番禺、東莞、順德、中山、新會、臺山各縣之沙田，皆以種禾爲主。惟寶安之南頭、新橋，東莞之沙井、太平一帶沙田都不種禾而種蚝。每歲舊曆正、二月即收集碎磚、碎瓦、碎石以及舊蚝殼之尚粘連磚石者，用火炙之，以紅爲度，運至田中，於潮落時，排列成行，名曰蚝田。迨至潮長，即有蚝種隨潮而來，粘附其上，微理如塵，肉眼不辨。逐漸長大，至舊曆四月，潮水之鹹味，愈變愈淡，若不遷徙，則水與蚝，兩不適宜，蚝雖不死，但不復肥。即須將蚝，連殼拔起，用小板載之，送至大船，而遷於鹹淡適宜之處，仍排列田中。至舊曆八月之後，蚝肥可食，始行采取。鑿開蚝殼，挖出蚝肉，除炸生蚝、炆生蚝、炒生蚝、煲生蚝等菜式外，多用清水煮熟，每蚝肉六百斤，用水一百斤。煮熟之後，醃以生鹽，就陽光曬之。曬至八成乾，名曰蠔豉。又放少許生鹽於煮蠔之水，曬至濃厚如油，名曰蠔油。豉與油其初均白色，久之變黃，又久之乃變黑。油則更須略加舊油和勻，始現光澤。舊油，即上年之油。煮好時，即用瓦罌載之，密封罌口，置於屋簷下有陽光射到之處。一年之間，感受太陽光熱，變爲黑色。以少許放入新煮成之油，一經攪勻，便將白色變爲有光澤之咖啡色矣。亦有不取蠔油，而用小竹籤將新鮮剝取之蠔肉，穿之成串，生曬至乾，名曰生曬蠔豉。以豉油蒸食，其味尤佳。惜産量不多，未能如蠔豉之大量供應，銷流遠近。粵語呼"蠔豉"二字，與"好市"同音。商人語貴吉祥，每歲開年，必有蠔豉髮菜一味，故其銷路極廣，利潤極大。而蠔田遂居沙田第一位，負擔沙費亦比其他沙田爲特重，然非處處沙田皆適於種蠔。各有前因莫羨人，真所謂得天獨厚者矣。潮陽海門有種蚶者，新會崖門有種蠔者，東莞太平有種膏蟹者，産量均不多，且宜於鮮食。雖屬特産，未能行遠。

沙田土壤肥沃，災害絶少；收穫豐富，副業亦多，人皆羨之。因面積廣闊，遠在海邊，非個人之力所能及。每一買賣，輒以頃計，又非個人之力所能擔負。故名田者大率用堂名而不用個人之名。每一堂名，中有幾人，其人爲誰，誰值若干，惟内部人知之，外人不知也。且堂之代表，必爲大紳。大紳只可以出面擔頭，而不能管理瑣事，輒將管理沙田之權委托管家。管家常住家中，亦不能常住沙所，往來沙面，又將一部分管理權委托引耕或沙夫。故沙田甚少自耕，多是出租。出租又多長期，通常以十年爲一批，亦有多至百者。每一批必立一批約，名曰"打批"。批約由引耕人介紹，出租人與承租人訂明互立，三方簽字，各執一本，以爲憑據。打批之先，又必先打定帖，將雙方訂定之田界、畝數、租數、小租數、引耕數、信果數、秤碼、交租期、交租地點、批期、押批期、打批地點、打批日期，以及定銀數、定帖發生效力期、反悔辦法，一一載明，承租人即據以籌措押批，出租人亦據以預備批約。

打定帖之後，承租人如無現款，可攜定帖至穀阜籌措押批，以爲打批之用。穀阜之性質，與欄同。自己無貨，而以他人之貨爲貨。他人無本，則以自己之本爲本。賣貨之後，連本帶利，一律收還。並收取處理費用，名曰"傭銀"。順德之陳村，番禺之市橋，中山之大岡，皆有之。打批之後，更可以批約作按，在穀阜籌還定銀、押批銀，並籌備第一期租銀及耕本。至收穫後，將穀運至穀阜，由穀阜代賣，除去費用及所欠租銀、耕本與其利息，尚有餘款，一一找清。找清之後，下期用款，又可在穀阜再行籌措。承租人來來往往，均在穀阜出入，所有食宿，均由穀阜供給，作爲上賓，並不收費。五十年來，道德與經濟均發生變化。承租人收穫之後，往往不將全部穀粒運交穀阜代賣，而將一部分私運往別處，以致穀阜揭出之款，無從扣清，若繼續揭出，則愈久愈深；不繼續揭出，又歸本無望；亦無生意可造。甚至有將全部穀粒，私行發賣，席捲而逃者。穀阜之業，大受打擊，幾於一蹶不振。

自耕之承租人，有類於買空賣空，清末始有之。光緒以前，多數打批之後，不自耕作，而轉租於他人，分其田爲數段，短其期爲一年，加其租爲若干倍，化整爲零，精打細算，對業主爲佃人，對佃人爲業主，名曰"二路業主"。二路業主有攬承沙田至萬數千畝者，有提前交租銀至數十年者，有加長批期至數百年者，真屬非常可怪之事，爲世人所夢想不到。問其所以得此之由，則所承租之沙田，其業主爲某鄉人之始祖。每次交租，必依期坐船到步（埗）。鄉人聞其到步（埗），則由祖祠門口，排一條長龍，以至步（埗）頭。等到鄉人齊集，然後偕伴上岸。各伴分攜小盅，內載鴉片烟，每盅五分，名曰"信果"。親手奉送，每人一盅，直至祖祠，繼續不斷，無一向隅。另有大盅，則送堂上紳耆，特別親熱。情話一番，乃行交租。交收兩訖，紳耆便代衆請求多交一年租銀，以濟燃眉之急，並以延長批期爲條件。雙方商定，總是延長五年方行多交一年。而其租額則百年後之數目與百年前之數目相同。百年後此種數目如何變化，固不可知，以當時而論，其數目比之百年前實不過百分之一十，縱使多交一年，總計實交百分之二十，所得仍占百分之八十。除笨尚精，有此滑稽算盤，遂有此滑稽行動。直至解放後，自知以前行動，不爲衆人所容，經已逃之夭夭，而以不了了之云。

沙田之租，爲着數目大，路途遠，運輸難，通常不以穀計，而以銀計。用紋銀時，以兩爲單位，以司碼秤爲標準。墨西哥銀元流入及自鑄銀元之後，仍以每元重七錢二分計。自白銀收歸國有而發行紙幣以代之，始完全以元爲單位。其時沙田每畝租銀普通爲毫券一十二元。若交大洋，則以一·四四算。其後幣值陸續變化，二路業主有與業主計數謂：每畝應交租銀毫券一十二元。代支糧銀大洋二角，一·四四算，折合毫銀二毫九仙；沙捐大洋三角，主八佃二，該大洋二角四分，一·四四算折合毫銀三毫五仙。護沙費毫券一元，主客各半，該毫券五角。自衛費穀三十斤，主八佃二，該穀二十四斤。二四①算，該毫券五千七百六十元，四共代交毫券五千七百六十一元一毫四仙。除應交毫券一十二元，計支長毫券五千七百四十九元一毫四仙，總計五頃五十畝，共支長毫券三百一十六萬二千零二十七元者。無租可收，反欠巨款，業主至是，有求死不得而終於自殺者。（民國三十一年《廣東省政府概況3》載廣東各縣沙田以廣屬爲

① 編輯按：似爲二四〇，穀以兩算。

最多。潮屬次之。欽、廉兩屬又次之。在民國二十七年〔1938〕以前，每年每畝征收錢糧大洋二角，沙捐大洋三角，護沙費毫洋一元。民國二十八年〔1939〕廣東省治安維持會設置沙田整理會辦理其事。改定每年每畝收沙捐軍票三十錢，錢糧軍票二十錢，護沙費軍票六十錢，共軍票一元十錢。民國二十九年〔1940〕五月省政府重組，財政廳因沙田早造已在收割，即須開征，不及整頓，仍照前治安維持辦法：每畝沙田年收軍票一元一十錢。計是年收入沙田錢糧、沙捐、護沙費合共軍票三十四萬九千零七十一元。至三十年〔1941〕改定征收方法，將沙田錢糧、沙捐、護沙費合併征收，統名曰"沙田稅"。規定每年每畝征收沙田稅一元二角。暫以軍票爲本位，按照早晚兩造所核定比率以法幣繳納。自三十年〔1941〕早造起，實行此項辦法。經省務會議通過，並議定將廣屬各縣沙田分段酌定底畝，招商投承。計中順屬沙田分爲八段：（1）恭谷都段，（2）安平沙段，（3）峰溪段，（4）隆都段，（5）十六沙南段，（6）十六沙北段，（7）小欖段，（8）黃梁都段。番禺縣屬沙田分爲四段：（1）沙灣東段，（2）沙灣西南段，（3）沙灣北段，（4）茭鹿段。東莞縣屬沙田分爲五段：（1）竹溪段，（2）南沙段，（3）中堂段，（4）蓮溪段，（5）萬頃沙段。新會縣屬沙田分爲三段：（1）東南段，（2）西南段，（3）禮樂段。又順德大良附近各沙一段。合計分二十一段。除萬頃沙一段係東莞明倫堂公產，仍照舊章由明倫堂自行收繳外，其餘二十段分別規定底價公開競投。民國三十二年［1943］　《廣東省政府概況3》又載：三十一年［1942］份沙田稅仍照上年所定稅率分段投。本年［1943］仍照三十一年［1942］招商競投辦法，並擬組織各屬農民自衛隊，捍禦游匪，補助護沙隊兵力所不及，以期稅收起色，除禺南已組織成立外，餘尚在計劃中。自衛費於1943年始在禺南開收。每年每畝收穀三十斤，原係照沙捐開辦時稅率擬定。但當時穀價飛漲，在昔三十斤穀主八佃二折合爲主值毫銀三毫五仙，至是則同是三十斤穀主八佃二而折合爲主值毫券五千七百六十元。此爲相差最巨之數，竟成二路業主與業主計租之最大機會。至推行中儲券後，此風始定。）

信果，或以雞，或以鵝，或以鴨，或以臘鴨，或以魚乾，或以魚子，或以蝦米，或以禾蟲乾，或以荔枝，或以荔枝乾，或以蕉乾，或以片糖，或以糯米粉，皆就其田之所有而擇取之。最奇者則以鴉片烟。以鴉片烟者，批約無明文，只由口頭訂定。或謂禁烟之後，始無種鴉片烟者，其以鴉片烟爲信果，必在禁烟之前開始，當時之田，想必種之。

小租是管家人所得，引耕是引耕人所得，各照租額百分之三附加，隨租繳納，由出租人分別給與，以酬其勞。此款照理不應由承租人負擔。而承租人肯代爲負擔者，羊毛出在羊身上，實在打入租銀計算，挹彼注兹，仍是出租人負擔。且承租人對於管家人及引耕人皆另有一宗報酬，非出租人所得知。而出租人反爲之自解慳囊，復自居惡名，以增加其收入。其愚真不可及。

批約所列畝數，是用以計租之虛數，而非實在田畝之數，或比實田多，或比實田少，都無一定。其田已經沖塌一部分，或被人侵佔一部分，或賣去一部分而賣田不賣稅者，則其畝數比實田爲多。若有新生沙坦而未曾呈報者，則其畝數比實田爲少。相差之數，往往甚大，有新生沙坦者則尤大，同是一沙，同是一時，甲批約每畝租銀之數，或比乙批約多幾倍，或比丙批約少幾倍，殊不爲奇。並非丙批約之田肥而乙批約之田瘦。又非丙批約之價貴而乙批約之價平。實則甲、乙、丙三批約，其田之肥瘠，價之平貴，都差不多。所以相差如此者，其差在實田之數。此數惟出租、承租、管家、引耕四種人知之，而此四種人對於此數，皆秘而不宣，視爲奇貨。沙棍得之，更視爲秘寶。沙田之不易清理，此其一端也。

交租向以舊曆二月及八月爲期，每期交全年租銀百分之五十。清末，承租人藉口代交各費數目一時未能清算，乃改爲上期交百分之四十，下期交百分之六十。但事實上雖至八月仍未能清算也。則藉口以延遲，更或藉口以拖欠，甚至有拖欠太多而自願退批或竟棄批者。一經棄批，所立批約，即成廢紙，出租人及穀阜，均受重大之損失。自此以後，每有訂批，俱先收押批銀。其數約為全年租銀百分之三十乃至百分之五十。棄批者須連此押批銀一並棄去。並訂定如有逾期，出租人得發出禾票，實行封割。佃人至是不得私自割禾，謂之"插禾"。俟清交租銀，乃將票尾發交，以憑收割。若禾實已熟，仍未清租，其勢不能久待，則割而賣之。比對欠數，有餘則發還。若不足，則無論多少，一律作為清欠。顧數十年來，穀價日漲，有加無已。而租以銀計，穀價指數，步步高升，照數交銀，已與減租無異，年年減租，越減越少，幾等於零，又何必欠租，更何肯棄批。故雖有此訂定，而執行者絕不多見。執行之權，在昔屬於沙所。自開辦警察之後，則屬於各縣公安局或公安分局或其派出所。

批期表面雖云自春耕起，實則秋收以後，舊佃人因為滿批，輒將承租之田及基壆、桓口、圍館、地堂等，除蕉、蔗等已成未收之果實外，均置諸不理。新佃人即由引耕人介紹，與舊佃人接洽。或接收，或頂受，於過年前辦妥，預備春耕。其工作甚忙，手續甚繁，往往藉此要求承租期限十年或數十年乃至百年。商量續批，亦復如是。承租人以期長為利。二路業主對於業主之批期，至少亦有十年。而對於佃人之批期，則至多亦不過兩年。大多數是逐年訂租，逐年出租，無所謂批期，更無所謂訂批也。二路業主財雄力厚，於所承租之田，可以轉租，亦可以自耕。佃人不能欺瞞，不能要挾，稍一作怪，即便收回，自行耕種，而佃人一家之衣食均無着矣。佃人被其魚肉，無可奈何，告訴無門，掙扎無計，只有忍受，而無抗拒。其才（財）力稍富而耳目較長者，或訪得引耕而向業主直接承租，但往往爲批期所限，業主無如之何，即引耕人亦無如之何也。二路業主得批期之保障，於批期內，在所承租之田，可以爲所欲爲，無惡不作。除詐取租銀外，通常在沙面開設商店，一面利用店員，監視佃人行動，一面利用買賣，謀奪不法利益；於種子、肥料，則重價出賣；於農具、耕牛，則重價出租；而於穀粒、果宴（實），則賤價收購。若佃人不與之交易，則藉端易佃；或誣以走私，加以重罰。而自己則串同走私，明目張膽，做賊喊賊，習以爲常。間遇天災、人禍，對業主則要挾減租；對佃人則視若無睹，求其略減，總不可得。往往因天災人禍，反而大發其財。佃人惡而羨之，不惜重金，買通引耕、管家，以與業主直接訂批承租。及接耕之後，曾幾何時，變本加厲，又自爲二路業主，而以他人爲佃人，無復有同病相憐者矣。

　　稅費有業主全數負擔者，錢糧是也。有主八佃二者，沙捐及自衛費是也。有主客各半者，護沙費是也。有佃人全數負擔者，酬神及行水是也。業主所值，皆由佃人交代，取回收據，在租項扣除。亦有在批約聲明：租銀不增不減，全數交足，無論何項稅費，官示如何分配，一概由佃人負擔全數者。佃人必清交各種税費，繳驗收據，乃能割禾，但所耕之畝數，每每以多報少，冀圖減輕負擔。經收官吏，爲其所瞞，未易發覺，乃采用包收之制以補救之。廣東財政廳每年輒將某縣或某段沙田規定以若干項爲最低限度，招人投承。以認額最高者得，包收包繳。承商多獲重利。乃相率競爭，愈出愈高，至於無利可獲。甚或明知無利可獲，仍增加額數，務求必得。兩敗俱傷，則又發明分餅之法。已交押票銀者，在落票之前，聯合爲一，無論何人投得，都另行再投，以最高者得，兩數比對，所得之利，衆均分之，名曰"分餅"。而公家之税費，多數入於私人之囊。則又定爲開票後由財廳選擇，如認爲未及格，再行開投。然既是分餅，雖開投多次，亦無能爲力。若委員自收，所得必更少。太阿倒持，徒呼荷荷，此亦沙田中一怪現象。

先是，沙田以地廣人稀，港汊紛歧，禾熟時，輒被人偷割，甚至被人搶割，而無可如何。於是組織沙所，雇用沙夫，以清除沙匪。繼續聯合各沙，擴大組織，增置槍械，自備船艦，編成護沙隊，常駐沙面，巡邏各沙。後更收歸官辦，成爲定制。至到廢止錢糧改征地税時，惟沙田不開征地税，而仍征錢糧每畝大洋二角，沙田已成爲特別區。及至土地改革時，沙田一律收歸國有，另行辦理，沙田之成爲特別區，更爲確定。沙田之所以共認爲特別區者，因其地面廣闊，地土肥沃，宜於發展，易於經營，可以建設大農場，可以建設大工廠，又可以建設新城市。若采取舊日人工造田之經驗，而以新眼光、新力量、新技術、新工具、新物質經之營之，向外發展，一日千里，前程遠大，何可限量。又何憂乎人口之增加，更不患乎糧食之缺乏，此其所以得公認爲特別區也歟。

　　沙面之農村甚多，幾於每一圍有一農村。當築圍時，必擇不當風，不當水，而交通較爲便利之處，建築圍館及地堂，以備佃人住宿及管理之用。又建築椗口，以司潮水之出納。所有沙夫、佃人及長工之雇農多居於此。此外散工或家屬等多結茅屋於圍館之旁或圍基之上。住居稍久，漸改爲木屋，再改爲泥磚屋，更改爲青磚屋。而商業、工業、漁業、畜牧業，陸續擴充，遂成村落。其居民初時將近農忙乃來，及至收穫後，便相率歸去。久而久之，始不復歸，而成爲該圍之土著。至其來處，則各縣各鄉各族皆有之。如禺南之大山鄉及中村鄉，各有壯丁萬餘，俱出外往各縣沙田爲雇農，逐漸移居。但每屆清明時節，必回鄉省墓。經過該鄉之舟車，至是乃特別擠擁，亦農村中一特殊情形也。

　　廣東農村多聚族而居，如外海之陳，沙灣之何，數萬兄弟，同居一村，最爲繁盛。而數千、數百者則隨處有之。有全村人純是一族者；亦有一族人而分居幾村者；又有一村人而各族分居者；若一村人而各族雜居者則甚少。惟沙面各農村則不然，多是各族雜居，完全無姓氏之界限，甚至姓氏之觀念。雖人口繁多如萬頃沙，如魚渦頭，亦不見一祠，一廳。與舊農村之千數百人之族必有一宗祠，百數十人之族必有一嗣，即十數人之族亦有一廳，迥然不同。至於村與村之間，舊農村往往聯合同地區各村而為一社，如十八鄉之為岡尾社，十七鄉之為深水社，九鄉之為東山社。又或族與族各聯為同宗，如沙灣之何與大石之何，石樓之陳與坑頭之陳，均有極為親切之聯絡。甚或劉、關、張三族以劉備、關羽、張飛故事，或更加入趙雲，而為劉關張趙，亦團結一致，視同兄弟，相友、相助、相扶持。此外更有因遠祖有婚姻關係，兩鄉兩族之人均以老表相呼相待而特別親密者。各鄉各族若有一人得科第或入仕途，則同鄉或同族必請其人到祠謁祖，以加強聯絡。若有一鄉或一族被別鄉或別族欺陵以致械鬥，則同鄉或同族以至凡有聯繫之各鄉或各族均視若自己之事，各率丁壯，自攜槍械，前往助戰，雖死無悔。即婦女亦挺身往任運輸、救護、炊事等職務，習以為常。或個人被別鄉或別族欺陵，亦時有出而禦侮者。又或娛樂之舉如鬥龍船，游戲之事如擲石子，皆各樹一幟，各走一端，協力同心，如臨大敵，雖親戚朋友，不相避，亦不相讓。沙面各農村則又無此風氣。出作入息，各做各事。或因小利而相爭，或因小事而相斫。因而強凌弱，衆暴寡，勢所難免。又因而感於獨力難支，不能不藉助他人之力。沙棍於是乘機而起，為之設計，爲之奔走。遇有事情較大而一己不能爲之解決時，則引狼入室，有所不計。而劣紳得插手於沙面矣。劣紳亦有時不能爲力，而大紳又得在沙面活動矣。大紳在沙面活動，正派者多爲沙面造福，而因以爲利者亦復不少。因以爲利之大紳，所用方法，各有不同，自不能一概而論。概括言之，則俗語有言：大鷄唔食細米。又云：大盜不操戈矛。大紳之行動，往往與劣紳及沙棍之取之盡錙銖者不同，多數以其名義發起築圍或築壩，利用人家之財力，進行人工造田。失敗不關己事，成功則坐享其成，不費一絲一毫，而得腴田，動輒數百畝。又復串同瞞稅，官方雖知之，而莫敢誰何；民間更畏其勢而不敢舉報，每處每年總可得純利數千元。積少成多，而大紳之荷包腫脹矣。至若盤據公箱，侵吞公款，干預訟事，霸佔人田，又其次也。但一物治一物，大紳亦未嘗無所畏忌。相傳：梁耀樞之父被人霸佔其沙田數百畝，因而興訟，其對家以同族之關係，請在籍翰林潘寶璜出頭，將梁監押。時耀樞已中舉，以父年老，請以身代，縣官許之。向例：舉人在押，如遇會試，可以申請出獄，計偕北上。會試期近，耀樞照例出獄赴都，過廣州，故意見潘。潘亦故意勉之云：斗南（耀樞別字）！你用心去考，博個狀元回來！如果只是點翰，則僅一個而已。因爲潘氏當時有兩個翰林，故潘以一個調耀樞，顧耀樞果然於是科中狀元，潘乃不敢偏袒族人，而梁得回其被佔之沙田云。觀此，可見舊日大紳與沙田之關係。但大紳之於沙田，其實不過一紙扎老虎而已，看守門口，似乎有威可畏，但直接不能食人，必俟真能食人者假借而舞弄之，張牙舞爪，始能有食人之實現。而其食人之結果，仍不能自果其腹，只膏真能食人者之饞吻而已。真能食人者爲誰？則二路業主及大天二是也。大天二多不能打通大紳，往往流爲沙匪。其能打通大紳者，則堂哉皇哉之護沙隊矣。二路業主能打通大紳，更能打通大天二。故此二路業主常與大紳、護沙隊、沙匪以至管家、引耕、沙夫、劣紳、沙棍、糧房，一爐而共冶，雖無惡不作，無作不惡，而農民無敢揭發其惡，一任其魚肉。直至於沙田收歸國有始行解放。至二路業主及大天二之典型例子，於番禺則有李輔群，於東莞則有劉發如，於順德則有辛鏡堂，於中山則有袁帶、鄭雲峰。以上五人事實因爲不止關於沙田之一二事，均另文詳述，茲不復贅。

沙面各農村，多係雇農暫居，間有貧農，各自打算，向無組織。若有事故發生，則聽二路業主或沙夫處理。而沙棍及護沙隊亦時或參與之，擇肥而噬。1931年兩廣先行實施縣市自治，先後選出各鄰長、里長、鄉鎮長及區委員、縣參議員。各沙面始有所謂鄉或鎮以及里、鄰。但其組織仍未得健全，多敷衍塞責，有名無實，事權仍在二路業主等手上。解放之後，所有二路業主、沙夫、引耕、護沙隊以及大天二、沙棍一律鳥獸散。而足迹不到沙面之業主、管家、糧房、大紳、劣紳更無所施其技。農村即是農村，真不愧稱爲農村之典型，而非他處舊農村所能企及。若以人工造田，向海邊大量推廣，建設理想之新農村、新城市，十年生聚，十年教訓，一步一步，向前進展，其成就當無可限量。

自梳女與不落家①

　　自梳與不落家習俗，曾盛行於粵中的順德、番禺、中山、南海等縣，是封建制度下的畸形風俗。

　　在舊社會裏，未婚少女均蓄辮，婚後始束髻。唯上述地區許多婦女，卻通過一種特定的儀式，自行易辮而髻，以示決心不嫁，以獨身終老，稱爲“自梳”或“梳起”。

　　另一種少女，迫於父母之命，不能“梳起”，只好在舉行婚禮後，長歸母家，避免與丈夫同居。這種婦女，名曰已婚，實亦獨處，與“自梳”名異而實同，粵中通稱爲“不落家”。

　　“不落家”與“大歸”不同，前者不與丈夫共同生

---

① 與陳逴曾、黎思復合撰。

活；後者曾與丈夫共同生活，感覺不能相處，然後長居母家。雖同屬歸寧，實質各異。

自梳與不落家的習俗始於何時，已難確考。番禺李氏據任氏所修《縣志》謂："國朝百年來，番禺一邑，其所稱貞女者志不絕書，而其甚者，相約不嫁，聯袂而死。"任志成書於乾隆卅九年（一七七四年）[1]，可見番禺一地，女子不嫁，在清初已成風氣。不落家之成風，爲時更早。據《屈翁山年譜》載："翁山因前妻仙嶺鄉劉氏不落家，而以王華姜爲繼室。[2] 翁山娶劉氏，在康熙元年，故番禺婦女不落家之風，清初亦已盛行。光緒、宣統年間（一九〇八年前後），筆者鄔慶時的故鄉番禺南村，人口多達數千人，一年之中，女子之出嫁者，不過數人，至一九〇九年，甚至無一人出嫁，形成"有入無出"的畸形狀態，自梳風氣之濃，於此可見。民國以後，自梳與不落家的風氣雖漸陵替，但直到解放初期，餘風仍未全泯。據廣東省婦女聯合會一九五三年調查，番禺第四區大龍鄉全鄉二千零二十八名婦女中，仍有自梳女二百四十五人，占婦女人口總數百分之十二。同一時期，中山的沙萌鄉，仍有不落家的婦女四十六人。

筆者等的家鄉，婦女輩自幼即常唱這樣一支兒歌：

---

① 指任果纂《番禺縣志》。

② 似指己所著《屈大均年譜》，所述前妻劉氏不落家事，見譜前《屈大均行狀》。

"雞公仔，尾彎彎，做人媳婦甚艱難：早早起身都話晏，眼淚唔乾入下間（廚房）。下間有個冬瓜仔，問過老爺（家翁）煮定（或）蒸？老爺話煮，安人（家姑）話蒸；蒸蒸煮煮都唔中意，拍起檯頭鬧（罵）一番。三朝打爛三條夾木棍，四朝跪爛九條裙！"對婦女在家庭所受到的虐待，刻畫得深刻入微。每與鄉中自梳女及不落家婦女談，無不極言自梳及不落家的逸豫，遠勝鄉中姐妹已結婚落家者的備受虐苦。筆者黎思復族中，清末時曾有翰林黎榮翰者，爲其繼子壽南論婚。鄰鄉容奇有首富楊氏，慕其榮貴，以女妻之。壽南貌奇醜，面皮凹凸如潮州柑，舉動語言，遲鈍木訥，常被族人引爲笑柄。楊女極痛苦，婚後翌晨即大歸，以獨身終老。族中自梳女，常以此爲姐妹輩鑒戒。故當時順德、南海、番禺、中山等自梳與不落家風氣盛行的地區，婦女輩多視結婚爲畏途。筆者陳逷曾的堂姑陳霭姑，由父母作主，訂婚於鄰鄉沙涌江氏，直至"開縅"（出嫁前夕）之日，始由其姑母向她宣示。霭姑乍聞此事，驚懼至面無人色，渾身發抖，躲在床上哭了三天，直至花轎出門，仍號啕不絕，使人目不忍睹。故自梳與不落家，未始不是她們對封建婚姻及夫權壓迫的不滿與反抗的表現。

這種風氣，只盛行於珠江三角洲一帶，其他地區罕見。珠江三角洲經濟作物富饒，手工業發達，婦女謀生門徑較多。順德蠶絲業隆盛時，繅絲女特多，自梳與不落家之風亦特熾。番禺一邑，自梳與不落家之風只見於較富庶的禺南，地土貧瘠，婦女不易獨立謀生的禺北，即無此風氣。

筆者等的諸姑姐妹及戚婭，自梳與不落家的比比皆是。茲就平日對她們觀察所得，綜述如後，供研究地方風俗參考。不備之處，請讀者指正。

一、"梳起"的儀式

"梳起"是上述地區的女子宣示決心以丫角終老的一種特定儀式。一經"梳起"以後，即成鐵案，終生不得翻悔。如有勾三搭四，即爲鄉黨所不容，其甚者往往被捆縛塞入猪籠內，投於河涌將之浸死。清末時，黎思復曾有一位從嫂身故，其妹爲一自梳女，因與姊夫接近，日久生愛，雙宿時被鄉人捉獲。鄉人故意縱去思復的從兄，只將其姨捆綁塞入猪籠內，扛至河邊，墜以大石，擬投入河中。思復的從兄被釋後，即遄返乃祖在東馬寧墟所設的當樓上，以望遠鏡向河邊窺視。見狀急託人前往求情，卒以一千元白銀作"利是"，才將其小姨救出。故女子對"梳起"儀式，向極重視。

一般父母，對女兒獨身終老，無所歸宿，殊感痛心疾首，多百般反對。陳遹曾家中第三房一個姑姐名芳姑，在鄉中梳起後，回家稟告時，她的父母爲之黯然下淚，食不下咽，闔家經旬不寧。但女兒梳起爲衆所周知後，父母即不能再强其出嫁，否則無異破壞她的貞操。故上述地區作父母的人，對防範女兒梳起，向極嚴密。欲梳起的女子，除個別已取得家庭同意外，爲避免家庭阻撓，引起糾紛，梳起儀式，多在姐妹輩掩庇下秘密舉行。

爲了避過家庭的耳目，梳起儀式的籌備，多在自梳女及不落家婦女聚居的"姑婆屋"内進行。梳起時所需的物品如：新衣（包括内衣、底褲）、新鞋、新襪、梳子、紅頭繩、鏡妝（又稱"束妝"，爲梳妝用的小箱子，上嵌玻璃鏡，下有小抽屉數個，内貯梳、篦、骨簪、粉、頭繩等）及祭品：燒肉、鷄、紅包、大發、生果、綫香、寶燭、茶、酒等，亦由"姑婆屋"内的姐妹協助暗地裏陸續備辦。

梳起的前夕，例必在"姑婆屋"内住宿，以香湯（黃皮葉煲水）沐浴後，即召齊志同道合的姐妹（包括已梳起及未梳起的）聚談，由已自梳的姐妹傳授"心法"。如：如何堅持獨身、應付家庭阻撓，及如何在家庭裏立身、獨立謀生、互相扶持等，互相鼓勵，至晨光曦微即趁路上未有行人，聯同前往附近的神廟舉行梳起儀式。

梳起的女子到神廟後，即在觀音菩薩座前擺開攜去的衣物和祭品，點起香燭，向神像三跪九叩。矢誓決心"梳起"，永不婚嫁。然後由事先約定的已梳起的婦女爲她拆開原梳的辮子，改梳爲雲髻（亦有在先一晚將辮梳成髻的）。接着即將身上穿着的衣服脱下，換上新衣。這個梳起的女子再向觀音菩薩叩拜後，即與同往的姊妹互拜、道賀。儀式至此便算結束。

自梳女在梳起儀式舉行過以後，才回家告訴父母及家人，並將拜過菩薩的祭品分送親友。稍富有的，還做酒席宴客，各姊妹（包括"老姑婆"——前一輩的自梳及不落家婦女）及女戚亦送禮祝賀。如果是家庭同意梳起的，就在家裏宴客，一若男子之娶親，認爲是畢生一件大喜事；家庭不同意的，梳起後多不敢直接告訴家人，洸"老姑婆"代爲轉達。如家規極嚴，連"老姑婆"亦不敢出面代陳，就只好在暗中梳起後，與"老姑婆"及姐妹們相約保持秘密和私下互相緊密聯繫，預謀應付家庭責罰及强迫結婚。

二、不落家的習俗

有些人家的女兒，自己蓄意要過獨身生活，但父母防範甚嚴，無法自梳，或雖已秘密自梳，但不敢告訴父母及公開宣佈，致被迫出嫁，就只好采取婚後"不落家"一途。

這些婦女爲了達到不落家的目的，必須經過頑强的鬥爭，在結婚後設法自保其身，不與丈夫發生性關係。因爲一經懷孕，俗例即需落家，從此便脫身不得（過去人工流産之法極少，且極危險，又屬違法，絕少采用）。

故決心不落家的婦女，臨嫁時必由先輩姊妹，教以應付之法，並由金蘭姊妹（結拜姊妹）特製一套防禦衣服給其穿着。這種衣服用厚布製成，上下衣相連，穿在身上以後，由金蘭姊妹用麻綫將所有夾口處密密縫固，務使新郎無法扯開。又隨身攜帶剪刀，作自衛武器，不準其迫近自己的身體，如新郎以暴力相逼，即屬呼求助。當時習俗，新婚時娘家必遣"大妗"（陪侍新娘的婦女）伴隨新娘過門，決心不落家的婦女，其"大妗"及僕從即以金蘭姊妹喬充，聞聲即群集護衛，幫助新娘度過難關。

那時俗例：新娘在婚禮後，須在夫家住至"三朝"，才能回母家，俗稱"回門"。但當晚仍須回夫家，住至滿月，才許歸寧，在母家小住。但不落家的婦女，便不盡依此習俗，僅在夫家住至"三朝"，回門後即不復返夫家。故新娘必須在婚後這兩天兩夜內，堅持不懈地頑强鬥爭，拒絕丈夫的性要求，才能達到不落家的目的。

筆者曾見山門鄉李姓一女兒出嫁時，因夫家防範甚嚴，不許其返回娘家。她的姊妹們聞訊，結隊前往吵鬧交涉，仍不得出。結果，只好在深夜，由"大妗"作內應，從瓦面私逃。逃出後即匿居遠離母家的"姑婆屋"，當時稱爲"走密身"。其夫家到來追討，則由金蘭姊妹出面代提出不落家的要求，自願賠款給夫婿納妾。夫家同意以後，李女才返回娘家。夫婿納妾時，僅回夫家獨宿一宵，受新妾叩頭獻茶，爲新妾命名後，仍歸母家長住。這是不落家婦女的鬥爭意志較堅强者。

一些意志不甚堅强的婦女，出嫁時戒備便不如此嚴密，亦不穿防禦衣服，只靠自己的力量與新郎周旋；抗拒無效，便只好屈從。倘不懷孕，仍不落家。俟懷孕以後，然後落家。

除了上述方式外，間亦有婚前預先訂明在婚後三年或若干年始落家，以緩衝一時。到期如仍不欲落家，才正式提出不落家的要求，賠款給夫家納妾；或在到期前出門遠去，使夫家無以尋究。她們在逃出後若不幸被夫家緝獲，或被父母緝獲交回婿家，强迫其落家時，往往仍不肯屈從，甚至憤而自殺。遇到這種情況，她們的姊妹輩便會聯群結隊，到婿家問罪，俗稱“鬧人命”。故男家對女方提出不落家的要求，一般多不敢堅決拒絕，以免造成慘痛的後果。而自梳與不落家的婦女，由此便自然而然地形成了一股社會勢力。自梳與不落家之風，更使人無可抗拒。

當時，有一些小康以上的家庭，既不願女兒梳起，又拗不過女兒獨身終老的決心，且恐女大不嫁“駄衰家”（在宗法迷信觀念統治的社會裏，一般人認爲凡大年大節，有已長成的女兒留在家中，都不吉利，將招致財丁的損失），只好采取“買門口”的折衷辦法，即在替女兒找夫家時，訂明女兒不落家，寧願花一筆錢，給女婿納妾爲代。以後，逢年過節，則由夫家迎回去，若迎而不去，則任由其往鄉中姊妹處度年、度節。家資富有的，更由父母另撥房屋給她們居住，以免留在娘家。

上述不落家的婦女，雖不與夫家共同生活，但在夫家仍是主婦。夫家有紅、白事，例必派人迎回去。尤其遇到翁姑及夫婿喪事，必須回去"上服"盡孝。除此以外，就只有待到她本人病重，無可救藥時，才使人抬回婿家待斃。在彌留期間的飲食、醫藥以至身後的一切，殮葬、招待費用，俱由女方自備，不用婿家破費一文，且多有遺產留給其妾及庶出子女，婿家亦必以主婦禮送喪。間中亦有不回婿家而死於"姑婆屋"或尼庵或（者?）。若死於母家，則爲不祥，非有特殊情況，必爲鄉黨不容。

只有少數不落家的婦女，在夫婿死亡後，應庶出子女的要求，回夫家主持家務，謂之"守清"。

三、自梳與不落家婦女的經濟生活

自梳與不落家婦女的職業，因地區經濟情況而異。自梳與不落家最盛的順德，多以繅絲及作"媽姐"（女傭）爲業；番禺、中山等縣的自梳及不落家的婦女，則多以織布、織毛巾、刺綉等爲生，間亦有飼養牲畜及耕種者。

順德、南海兩縣，蠶絲業全盛時，年青的自梳及不落家婦女，大都在"絲偈"（絲廠）裏繅絲，年老的則多從事采桑、養蠶等工作。絲偈的剝削雖很重，但自梳及不落家婦女多無家庭負擔，以自己的辛勤勞動維持個人最低限度的生活，仍可略有盈餘。二十年代順德生絲在國際市場上已被日本人造絲所排擠，絲偈多已歇業，碩果僅存的桂洲絲偈，繅絲女仍達數百人。當順德絲業全盛時，各絲偈所容納的自梳及不落家婦女之多，便不難想見。

順德的絲業衰落後，自梳和不落家的婦女，便不得不另謀生計。其中很大部分，流向廣州、香港等大城市，在富家作"媽姐"。由於順德的烹調技術素以精美馳名，如大良的炒牛奶、炒水魚、水蒸鷄、野鷄卷、炆風鱔，以至切魚生、炆狗肉等，都別具風格，很受各地人士贊賞。順德的自梳及不落家婦女大都繼承了這些傳統的烹調技巧，且作事小心，體貼入微，很受雇主歡迎。豪商顯宦之家，多雇她們作"乾媽"（廣州人俗稱乳娘爲"濕媽"，保姆爲"乾媽"）、"近身姐"（專替雇主料理精細的身邊事務，如整理床鋪、裝烟遞茶、搖扇盛飯、熨衣整履、出入隨侍、送禮請安等的女傭）及厨娘等，甚至把全部家務，都委托她們照料。故"順德媽姐"曾飲譽一時；雇用"順德媽姐"便成爲顯貴人家的風尚。

不少自梳及不落家婦女，因長期在外受雇，而薄有積蓄。清末下九甫梁氏（其祖曾任浙江布政使，告休後在廣州下九甫置產甚多，僅鋪房一項即逾百棟，復強霸萬頃沙的沙田百頃，夙稱巨富，有"下九甫梁"之稱），有一"近身姐"名蓮姑，侍其孀媳數十年，積資逾萬，晚年即在廣州東華東路置屋娛老。筆者陳遹曾的堂表姊鄧亞蓮，順德龍山鄉人，自少梳起。鄧家經營銀業，家道原很富裕。但自梳女多以獨立謀生為時尚，亞蓮不甘落後，故梳起後即離家赴廣州，在一織造廠內做工。後因織造廠倒閉，轉傭於西關周家，並以作"大妗"或"近身姐"（廣州舊俗，新婚頭一個月，多雇用"近身姐"）為副業，因而薄有積蓄。其後鄧家因所經營的銀業失敗，家道中落，時賴亞蓮照顧。遹曾有一第九房的堂姑，亦在梳起後即赴香港傭工。以所積蓄的工資維持其母及妹的生活。及其母去世，妹亦婚嫁，所蓄更多，晚年即以所蓄在廣州小東門購屋而居，仍時以餘資補助其妹一家的生活。另一鄰鄉的自梳女黃玩心，數十年來亦以傭工及作"大妗"維生。生平積累，除用以在廣州德政南路置屋自居外，並負擔起教育侄兒，為侄兒成家立室，甚至為侄兒擔負養兒育女的開支。像這樣的自梳及不落家婦女，為數實在不少。

海運暢通以後，有些自梳女更遠涉重洋，到海外傭工。據筆者所知，廣州倉邊路側毓秀街口世代相傳以專醫痔漏為業的溫天鶴醫生，有一自梳的姑母溫蓮，於四十年前，其父逝世時突然失蹤，直至抗日戰爭以後，仍杳無音訊，親屬均以爲必已物故。廣州解放後，突由南洋梹（檳）榔嶼歸來，始知她爲求得晚年有所資借，不惜飄洋過海，傭於殷富的僑商家中；儲蓄漸豐，即自行在梹（檳）榔嶼開設照相館，並購置產業，積久遂成小康。番禺睦洲鄉有一自梳女陳娟，年青時赴新加坡的妓寨傭工，一去卅餘年，直至五六十歲始由新加坡歸來，積資逾萬，在廣州置產。筆者黎思復的第二個胞姊麗修，亦於四十年前自梳後潛赴越南，後轉傭於金邊某富戶，積資數千。一九二九年回國後，仍於上海紗商鍾某家爲傭。鍾某亦順德人，婚後所生五個子女，均由麗修爲之撫育，以迄成人，故鍾氏子女都事麗修如母。麗修雖有所蓄，但以一生在外謀食，不願購置產業。故在國民黨幣值暴跌時，所蓄損失幾盡。

自梳及不落家婦女之在外傭工較久的，不少深諳英、法等外國語言，在洋人家庭傭工及隨洋人返國工作。故自梳及不落家婦女活動的範圍，可說遍及中外。尤以用"順德媽姐"的身份出現的自梳女的足迹最爲廣闊。

至番禺、中山等地的自梳及不落家婦女，則以從事刺綉、織布等較衆。尤其在民國初年以前，婦女尚受纏足之累，在社會上謀生不易，大都只能在家庭內以針黹爲活。黎思復先輩的自梳及不落家姑母，均以縫紉爲生，二姑母直至八十高齡，仍從清晨至深夜，縫紉不輟。鄰近各鄉的人，凡須制置婚喪衣服，幾無不經她的手，業務歷數十年不衰。

針織業興起以後，這些地區的自梳及不落家婦女，不少轉而從事針織業。民國初年，廣州絲業巨商周漢泉的侄女，梳起後即在廣州西關厚德里開設織襪廠及綾衫廠，獨立謀生。絲業衰落後，周氏的後人多由這個侄女撫養。筆者鄔慶時的兩個胞妹及各從妹、再從妹等，皆自梳或不落家。二妹亦在廣州自設永華織襪廠，織生數百人，無一非同鄉的自梳女；三妹在鄉開設瑞初私塾，學生也有數百人，其中年稍長者，後來皆自梳，其職業一如她們的先輩。

在鄉從事耕作的自梳及不落家婦女，除自行耕種及飼養牲畜以外，多在農忙季節，出外作臨時工，爲人插秧、除草、割禾等。在番禺各鄉中，有一種特殊的鄉例：在收割季節，凡遺落在田基及路上的禾稻（不包括遺留在田內的稻穀——這部分遺穀歸承耕人及“耕人”即“二路地主”所得），統歸自梳女撿拾，稱爲“執禾”。執禾的收入看來好像微乎其微，但積少成多，亦是當地自梳女的一筆爲數不少的特有收入。

除了上述各項正常的職業活動以外，還有一些稍有積蓄的自梳及不落家婦女，以“埋月會”、“捻妹花”、放貴利等爲業。

“埋月會”原是一種傳統的互通有無的互助形式，但那些從事剝削活動的自梳及不落家婦女卻利用來作生財門路。例如：她們"埋"一份十人的五元月會，原應每月提供五元會款貸給其他需款的會友應用，但往往因需款用的會友多，例定只能由願出重"標頭"（利息）的會友標得。故需標取會款應用的人，只好不惜以一元至元餘的"標頭"來爭標會款。如會款由"出標"一元五角的人標得的話，則其餘九人只須每人拿出三元五角給標會的人，將來則可按定額五元十足收回；十人的月會如連續九個月均有會友以如此重的"標頭"標會，則這個自梳女在這九個月內只須提供卅一元五角的資金，至第十個月即可收回四十五元現款，獲得利息十三元五角（其餘類推）。故有些手上持有一千數百資金的自梳及不落家婦女，通過"埋月會"的辦法，年中便可得到三數百元的利息。如果她們是月會的發起人（即"會頭"），更可得到無息、優先取得會款的特權，她們即可利用所取得的會款，生息取利。自梳及不落家婦女因爲職業關係，人事關係較複雜，交結亦廣（包括富家少奶、寵妾，同行的"媽姐"，尼庵的主持和比較富有的尼姑等）。對於"埋會"一事，大都很有門路。間有立心不良的，在埋得十元或廿元月會百餘份，收得第一個月的會款數千元，即卷款遠颺。但亦有一些比較老實的自梳及不落家婦女，因爲自己作"會頭"的月會中，有些會友（即"會仔"）標了會款後，撻欠不供（按規定會友標了一次會後，即不能再標，並須在未滿的會期內，每月按定額十足供納會款，至月會滿期爲止，稱爲供"空殼會"），只好自己代爲繳付會款，以維持自己——"會頭"的信用。

"捻妹花"即專門培養女童供豪貴作妾，藉以獵取巨利。筆者黎思復有一從姊，即以"捻妹花"爲業，曾養育女童一對，一名桃根（取"桃根桃葉鎮相連"之義），貌頗美，年十七即被思復從姊嫁與順德大良土著龍恩官作妾，索得身價銀五千元。其後龍曾以桃根非處女將之退回，思復的從弟即乘機控龍誹謗，又索得龍賠款數千元始了結。從事"捻妹花"的自梳女，大抵都是饒有私蓄之輩。所捻的妹花，由三兩朵至十朵、八朵不等。她們爲獵取厚利，多設盡一切辦法，把妹花"捻"得肌肉潤膩，手足纖細，婀娜多姿，不使妹花參加操重勞動，教她們終日塗脂抹粉，供她們以錦衣玉食，使她們適應豪商顯宦的淫樂需要。故以"捻妹花"爲業的自梳女，多自己置有房舍，所"捻"的妹花較多的，還須雇用使媽來服侍那些妹花。如果不具備這樣的人力和財力，就必須與其他同行的自梳女合資協作。

妹花都須自幼"捻"起。但小孩的容貌、體態等常隨年齡的增長而變異，往往有幼時姣好，長大後卻變得很醜陋的。以"捻妹花"爲業的自梳女，必須經得起這樣的虧貼。

不獨立謀生的自梳女，大抵都是出身於所謂"名門望族"的婦女。因爲她們的父祖輩都擁有巨資，她們矢志"梳起"後，往往即由父母撥給一部分資財，供她們維持生活。如順德巨室龍氏（世代皆顯宦，名園"清暉園"即龍氏的花園）的一些自梳女，除由父母撥給大量資財維持生活外，還慮她們索居寂寞，特爲她們在大良城華蓋里建築大廈一座，使她們能結伴聚居。宅內一切廳房間隔，都是專供一群自梳女分户同居而設計的，單是厨房，即如一座大廳，爐竈多至十餘通，以便她們分爨。清代福建海關道黎召民之女倩初，亦順德昌教鄉人，其兄國廉在民國元年胡漢民督粵時，曾任民政司長。倩初自梳後，其家亦特爲她在廣州存善東街置三便過、幾進深的大院一座，並撥出巨款，給她作贍養之資。這類自梳女大都閒居終日，無所事事，或者是"捻"幾朵妹花，以資點綴而已。

四、自梳女的宗法繼承和社會關係

一般自梳女及不落家婦女既勤勞，自奉又很薄，盡量把辛勤勞動所得積聚下來，以爲晚年生活之資。黎思復的姑母，"梳起"以後數十年，每日所食兩餐，不外清茶淡飯。思復的父親有一次孝敬她兩罐鷹嘜煉奶，她卻珍藏起來，半年以後才捨得開一罐來吃。不料貯藏過久，煉奶已變質，使她痛惜不迭。

因此，大多數自梳及不落家婦女到晚年以後，都薄有積蓄。她們既無後代，身後遺産的繼承，因而亦與常人略異。

不落家婦女的遺産，如有庶出子女，一般多遺贈其庶出子女或母家親屬。自梳女的遺産，除指定遺給其兄弟、侄兒等親屬者外，則由其所收徒弟或"金蘭姊妹"繼承。

自梳女收徒的儀式與習俗的拜神上契無異，稍富有的，則設宴遍請其親友及"金蘭姊妹"，但筵席都是齋點，賓客只限於女性。所收之徒，亦必爲自梳女。

當自梳女的"徒弟"的人，事師必須唯孝唯敬，師傅有疾病，必須躬侍湯藥；師傅去世後，必須上孝着服，承擔殮葬、立（神）主供奉、春秋祭掃等義務。而師傅遺下的金錢、衣物、房屋等一切資財，亦統由"徒弟"繼承。自梳女之"收徒"，純爲解決晚年生活的依靠與身後的祭祀而設，不一定有若何特殊的技藝可傳，故沒有一定財產的自梳女，便沒有"收徒"的資格。

自梳女爲了使自己的"後事"付託得人，對"徒弟"的選擇，向極嚴格。非經過長期細緻觀察和多方考驗，認爲完全滿意，不輕易接納。

沒有脫離母家外出謀生，或雖脫離母家，但母家有兄弟、侄兒等親屬，彼此又感情融洽的自梳女，則不一定收"徒"傳後，而由其兄弟等親屬繼承其產業。

一般女子長大不嫁，長居母家，鄉俗便認爲不祥，但自梳女則作別論。自梳女一經"梳起"後，即有權視母家爲己家，以母家之事爲自己之事，且可爲母家操持家務，雖兄嫂、弟婦輩亦不敢非議，俗稱爲"把家姑婆"。這類自梳女，一般都具有較濃厚的傳統的宗法觀念，以弟、兄輩之"榮""辱"爲榮辱；視弟、兄輩之子女爲子女；——弟、兄輩舉一男則笑口長開，弟、兄輩添一女則拂然不悦。往往由於她們對母家的家事過分關懷和專斷，引起兄嫂或弟婦輩的不滿。即使這樣，母家的親屬一般仍寧願忍隱相讓，非萬不得已，絕不使她們因難堪而離開家庭，否則，鄉俗多認爲其兄嫂、弟婦輩霸道强悍，不能容人，而加以指責。

自梳女及不落家婦女除可在母家與親屬同處外，還可與其他金蘭姊妹合營一屋而居，稱爲"姑婆屋"。居住在"姑婆屋"的自梳及不落家婦女，除在生計上相互提攜以外，在生活上亦互相關懷，甚至因此產生同性戀愛，即所謂"契相知"，儼同夫婦，出入相隨。

"契相知"儼爲夫婦，嚴格地限於一對一。如果任何一方與第三者（指女性）另戀，同樣會引起爭吵決裂。

同性相戀的自梳女形同夫婦，暇輒駢媚（呢）哦唱《碧容探監》、《客途秋恨》等一類抒情的木魚書；但借唱木魚書以抒情的多是年青一輩的自梳女，中年以後仍唱此類木魚書的都很少見。鄉俗對自梳女在梳起後勾三搭四（對男性而言）懲處雖極殘酷，但對她們"契相知"同性戀的一些穢褻行爲，則從不干預。

自梳女們爲了相互防止不能以獨身終老，創奉了一種"迷頭教"。這種教據說與流行於南洋一帶的"落降頭"無異，謠傳只要將某一婦女的丈夫的"八字"（出生年、月、日）寫下來，由自梳女之懂得法術者披麻戴孝，散髮羽（禹?）步拜祭，並書符念咒，邊拜邊念，經過一段時期，即可將這個婦女的丈夫魘死。因此，一些被迫出嫁的婦女曾以此作爲達到不落家的手段。其後，更被自梳女輩用以互相恐嚇不得中途變志，否則即以魘死其丈夫相要挾。筆者陳通曾在鄉時，曾聞潭山鄉有一男子在新婚洞房之夜，忽聞如哭如訴之聲。家人起而察看，見新婦，披麻戴孝，獨自躲在墙隅暗處魘祭。新郎的家屬睹狀皆慄然驚呼，召集全家男女將之捉拿，於翌晨將她綁赴"祠堂"交"父老"訊問（鄉俗族中，有事均由"父老"集祠公斷），始悉新娘爲"迷夫教"徒，欲魘死其夫以達到不落家的目的。結果，只好將婚約取消，由女方賠銀給男方另娶作罷。解放前二年，"迷夫教"仍在迷惑婦女。當時，廣州市曾盛傳西門口菜市有一菜販的女兒，由父母作主與一青年男子訂婚，男女雙方原亦互相屬意，但女方曾加入"迷夫教"，結婚則違反教規，恐丈夫被"教友"魘死；不結婚又情愛難舍，結果，只好潛往越秀山，雙雙自縊而死，故許多自梳及不落家婦女在相約加入"迷夫教"後，雖欲中途結婚或落家，但格於教規，都只好強自抑止。還有一些被自梳及不落家婦女包圍，原不擬獨身終老的少女，凜於"迷夫教"為害，卒不得不自梳或不落家終老。

五、自梳與不落家風氣的消滅

由於自梳與不落家是封建制度下的一種反常現象，作父母的人固然反對，即婦女輩本身亦實逼處此。故在這種風氣盛行的年代，許多作家長的人，已想盡許多防止女兒自梳及不落家的辦法。最常見的是：家長在私下為女兒議婚時，即設法避過女兒的金蘭姊妹的耳目，偽稱探親，潛將女兒攜赴廣州，使男方在茶樓或其他適當場合下"相睇"（即女方約定男方家長來看他們的女兒的容貌之意）。婚議定後，即在廣州舉行婚禮，並在市內居住一段時期（兩三年左右），才返回鄉中的祖居居住。這樣，作為新娘的少女雖欲自梳或不落家，固不可能；她的金蘭姊妹雖欲包圍和壓迫，亦無所施其技。但這種辦法只能行於稍富裕的人家，赤貧之家即力有所不逮。對弭止瀰漫一時的自梳與不落家風氣，作用並不大。

民國以後，風氣漸開，男女婚姻較自由，自梳與不落家的風氣已稍戢。以筆者等的家庭而論，轉入民國以後，諸妹及女兒、侄女輩已絕鮮如筆者等的諸姑、諸姐輩的梳起不嫁或不落家。尤其是順德蠶絲業在國際市場受資本主義的打擊、排擠而致崩潰以後，以繅絲為業的自梳及不落家婦女失去經濟憑藉，多四出傭工，停留在鄉間的自梳女及不落家婦女的數量銳減，年輕一代較少受到她們的影響。加上國內經濟受帝國主義侵略的影響，百業凋零，婦女獨立謀生更不易，自梳與不落家的風氣，遂更衰薄。抗日戰爭後，珠江三角洲的元氣大傷，自梳與不落家的風氣已不絕如縷。解放以後，這種畸形的習俗已經廢除，解放初期所能見到的，只是它的殘餘而已。

大本營財政部雜憶

一九二三年二月孫中山先生重回廣州，三月初設立大元帥大本營，從這時起至一九二五年國民政府成立時止，大本營財政部先後換過三任部長：第一任原定廖仲愷，沒有到職，由建設部長鄧澤如兼任；第二任葉恭綽，第三任古應芬。葉任財政部長時間最長，從一九二三年五月到一九二四年十月，歷時一年五個月。他接任前，財政部只搭好一個架子，全部職員僅十餘人。他接任後，把機構擴大爲四個局，十二個科。第一局管賦稅，第二局管公債，第三局管銀行，第四局管總務（後改爲廳）。此時財政部職員達百數十人。後葉見局面打不開，就請病假，由次長鄭洪年代拆代行；不久，鄭出任財政廳長，乃由第一局局長楊子毅升爲次長，代行部長職權。機構雖然龐大，收入卻很少。古應芬接任後又逐漸壓縮機構。

這個時期，華僑捐款大減，據說是陳炯明在海外破壞，致公堂同孫中山的關係有了變化。財政部的直接財政來源主要有下列幾項：

一、印花税　印花税是國税，在總統府時期（一九二一年至一九二二年）就歸財政部收入，總統府解散後，印花税分別由海軍和財政廳征收。[①]　大本營財政部成立後就把印花税收回作爲基本收入。初時只有普通印花税和烟酒印花税，後來陸續開征爆竹印花税、奥加可（即酒精）印花税和奢侈品印花税。[②]　收税地區及於廣東、廣西兩省。由於需款孔亟，分別委托有力機關（廣州市由公安局）代征，或分地區招商承辦。統計各種印花税收入：每月普通、烟酒兩項約共六萬元；奥加可五千元；爆竹二萬元；火油當時方開辦，預計約三萬元。

二、各項官産收入　其中有三項收入較大，一爲騮崗烏洲沙田，一爲按押外資碼頭，一爲十六街會産。這三項收入的總數有多少，現在記不清楚了。

三、其他　這個期間發行過短期公債，但數目不大。我還曾奉命去接管屬於北京政府的中國銀行廣州分行資産，只接收到五百元現款。這個銀行的賬册和大部分資

---

① 總統府解散後，印花税票原版爲海軍處所得，由海軍處派員辦事，廣東財政廳則自製新版，另派員辦理。大本營成立之初，財政部派員幾經交涉，始收回自辦。（點校者按：原注。下同）

② 奢侈品印花税因範圍太廣、税率太重，士商群起力爭，遂以停辦。

産都存放在沙面，因之無法接收。

此後，還曾開辦沙田驗領部照處、查驗不動産抵押外款處、廣東省立銀行清理處、廣東儲蓄銀行清理處，然所得均有限。廣東造幣廠原預算每日可獲利五千元，甫開工亦即停辦，所鑄紀念幣未行使於市面。

大本營財政部時期的支付任務比總統府時期重得多。過去地方稅還能由省當局統籌，軍政開支也由省當局一力承擔，[1] 這個時期省當局已經不能承擔這一責任。原因是軍隊割據地盤，截留稅款，稅款集中不起來。有較長時期滇、桂軍分據廣州，各自征稅抽餉，在廣州市內甚至出現這種怪現象：鄰近兩條街的征稅辦法都不同。

各路討賊軍陸續開入廣東後，[2] 先到的部隊割據了一個地盤，就地截稅抽餉，但軍閥貪得無厭，還要向大本

---

[1]　總統府時期，財政部設秘書處，賦稅、公債、理財三司，連總、次長不過十三四人。其時，原有賦稅由財政廳及原有稅收機關主持，賦稅司未籌劃開征新稅，公債司也未發行公債。理財司的主要進賬是華僑捐款。當時華僑捐款源源不絕，都是寄交鄧澤如轉財政部。財政部只負責根據孫中山的字條支付一些臨時性的特別開支，華僑匯款足夠應付有餘。陳炯明叛變時，財政部保險櫃尚存一萬多元未帶走。至於軍餉方面，統由省方負責籌給，實際由鄧鏗一力支撐。鄧鏗幾乎每隔一天即到財政部一次，與廖仲愷商量籌撥軍需問題。

[2]　當時在廣州的軍隊有：桂軍劉震寰部、沈鴻英部，滇軍楊希閔部、范石生部、楊如軒部，粵軍許崇智部，山陝軍路孝忱部，贛軍李明揚部、卓仁機部。

營要錢。有些來得遲的部隊，沒有分到地盤，當然更要向大本營索餉。大本營成立了軍需經理處負責軍需籌給，收支的實際工作是由財政部做的。稅收集中不起來，索餉又急如星火，大本營只好把各軍軍餉定額分配到各有收入的機關去，由各機關直接支付給各軍。財政部（大本營）、財政廳（省）、財政局（市）、鹽運司、禁煙局等稅收機關各負擔直接供給一部分軍隊的餉項。公安局有房捐警費的收入，也分攤一部分餉項。當時的財政狀況是收入少、支出多，陷於"有一餐吃一餐"的十分困難的狀態。有些軍隊以十日一期來發餉，五日一期，甚至三日一期的也有。

我手頭還保存了葉恭綽任內大本營財政部的一本收支賬底本。這裏抄錄兩個月（一九二三年十月、十一月）的收支總結賬，從中可看出當時財政困難的情況。

一九二三年十月收支總結

一接上存省幣	6091.05 元
一接上存鎳幣	20 元
一接上存港幣	32.46 元
一收印花稅款毫銀	24300.02 元
一收借款來銀	5860.00 元
本月共收毫銀	30162.00 元
省幣	6091.25 元

鎳幣	20 元
港幣	32.46 元
一支還上月不敷毫銀	333.21 元
一支各軍軍費毫銀	14760.00 元
一支各機關經費毫銀	5.8 元
一支本部經費毫銀	2540.00 元
一支印花稅票印刷所經費毫銀	665.00 元
一支印花印刷費毫銀	3000.00 元
一還借款毫銀	3800.00 元
一支借款利息毫銀	8.5 元
一支撫恤費毫銀	500.00 元
本月共支毫銀	28586.71 元
除支存毫銀	2575.29 元

一九二三年十一月收支總結

一接上存毫銀	2575.29 元
一接存港幣合毫銀	37.33 元
一收印花稅款毫銀	40624.87 元
一收關稅毫銀	1616.995 元
一收關稅紙幣	2207.987 元
一收地租毫銀	728.30 元
一收地租鎳幣	1.4 元
一收借款毫銀	5970.20 元

本月共收毫銀	51552.985 元
紙幣	2207.987 元
鎳幣	1.4 元
一支各軍軍費毫銀	25950 元
一支各機關經費毫銀	3767 元
一支本部經費毫銀	14106.71 元
一支印刷所毫銀	1300 元
（該項因賬本被蟲蛀看不清楚）	
一支還借款毫銀	4550 元
一支借款利息毫銀	4.14 元
一支存庫紙幣	2207.987 元
鎳幣	1.4 元
除支存毫銀	975.135 元

（在這兩個月內，向大本營財政部領錢的軍隊有：劉震寰、路孝忱、卓仁機、李明揚、朱培德，其中以路孝忱最多。另外還有用"軍政部轉付各軍軍費"這個項目。）

上開賬目中，所指省幣是指當初農民銀行在廣東境內發行的鈔票，當時市面上拒用。進賬中的借款，都是向私人借進的短期借款。① 支付部分，軍餉的支出，不是

---

① 在一九二三年十月、十一月大本營財政部的賬本中，發現和大本營有往來的銀行有嘉華銀行和新華銀行。新華銀行僅有一次往來，嘉華銀行的借還款共有六次。嘉華銀行原係旅居美洲華僑集資開設，主事人早年在美國與孫中山有交情，曾贊助過革命。

包括全部軍隊的軍餉，只是包括大本營指定由財政部直接供應的部隊，但也不是這些部隊的全部經費。① 這兩個月供應的包括劉震寰的桂軍，路孝忱的山陝軍，贛軍的李明揚、卓仁機部和滇軍朱培德的一部分費用。賬中所指各機關行政經費，也不包括全部機關的經費，只包括大本營直屬部門中沒有收入的部門，當時有許多部門是自籌經費的。

日期	收　入	支　出
每日一次	公安局三千五百元	滇軍兵站四千二百三十二元（由籌餉局撥八百元）
	市政廳三千四百元	西路軍一千七百元
	財政廳一千二百元	東路軍一千九百二十元
	籌餉局三千元（范軍長面允八百元，從五月七日起每五日直接交滇軍總兵站）	滇軍總指揮部一千元
		贛軍八百元
	沙田清理處二千元（撥東路軍）	軍政部各病院八百元
	不足之數由財政部擔任	直轄第七軍七百元
		軍車管理處七百元
		聯軍醫處六百元
		東路第三軍四百元
		直轄第三軍二百二十七元

---

① 附軍需經理處收支一覽表，從表中可約略窺見當時大本營軍餉籌劃供應概況。

（续表）

日期	收　入	支　出
每五日一次	財政廳一萬二千元 市政廳五千元 鹽運使三千元 公安局一萬元 不足之數由財政廳擔任	海防司令五千元 直轄第一軍四千三百元 軍政部三千元 直魯豫招撫使一千五百元 海軍一千二百三十元（永豐艦六百八十元，海軍三艦五百五十元） 北伐第二軍一千一百元東江 緝匪司令部一千元 測量局七百元 交通局六百元 無綫電五百元 衛戍司令部五百元 長洲要塞司令部五百元 電信隊二百六十七元五角 北伐第三軍一百六十六元五角 兵工廠一萬五千元 飛來廟制彈廠五千元 大本營制彈廠五千元
每十日一次	鹽運使六萬元 財政廳一萬五千元 公安局一萬五千元 市政廳一萬元 不足之數由鹽運使擔任	湘軍九萬元 豫軍二萬四千六百元 山陝軍三千元

　　往後各軍截留稅款的情況愈嚴重，收入愈少，索餉愈急，財政部只好發出三天、五天取款的期票，後來期票發多了，財政部不能及時把款存進銀行，期票成了空頭支票。於是，有些同銀行有勾結的商人，專門做向各軍需收購期票的生意。起先是九成幾兌現，到後來跌至六折的都有。軍需們在財政部領到支票，走出財政部門口就把支票賣給商人。各軍軍需天天到財政部坐催，見有人從稅收機關帶錢回來，就迫着要錢。先到先得，後到的領不到錢，竟然拔槍威脅，有一次我被迫不過，只好帶着那些軍需去見大元帥。孫中山威信高，出面講幾句，那些軍需就唯唯而退。以後那些軍需生怕來遲撲空，於是每天清早就齊集財政部。財政部也乾脆將每天收入扣除本部開支外，就拿來給各軍分配。各稅收機關要到下班前才結出收入帳，各軍軍需就從早等到晚，要領到錢才散。

　　（一九六六年稿，作者當時任大本營財政部科長兼軍需經理處出納主任）

近百年廣東異聞錄

一、張樸之與水爭田及開桑基魚塘和街巷鋪屋

順德縣人因桑基魚塘而家給人足，人多知而羨之。但桑基魚塘雖因於地利而實成於人事，人又多羨而不知之。能羨而知之，知而行之者，以予所聞，有吾縣番禺沙灣司（今第一區）岐山鄉人張樸之。同治十一年（1872）樸之始着手爲沙灣、茭塘兩司人民種福。擬在其本鄉岐山起，南至香山縣（今中山縣）黃閣鄉，北至茭塘司新造鄉，鍬塘築基，植桑養蠶。先自批耕田地數百頃，同時並舉，以爲之倡。再向順德縣人之辦有成績者，詳詢得失利弊，擬具計劃，編成説帖，分向各鄉同人勸其協力，作大規模之進行。復於河南龍尾築同德圍，鳳凰岡築務本圍，爲之總匯，與岐山相策應。又於騮岡三

沙圍外築石壩，使積淤成坦，築坦成田。更將河南大基頭及龍尾鄉外之田，填作沙地，開街建屋，闢爲岐興諸約及鶴鳴一巷至八巷。光緒十四年（1888）張年五十六遽卒。先祖父吉人公與樸之友善，每談及其規劃蠶桑，勞而無成，輒爲沙、葵兩司富源嘆惜不置。聞樸之爲此事共耗去二十餘萬金云。

二、伍星池、鄧儀石等起兵抗英

民國二十一年（1932）予在寶安重修縣志，得伍星池（名其昌，一字醒遲）絕命詩一首，題爲《英租九龍，不屈被捕，港皋定縊首之刑，歸獄時，夜色四合，占此寄慨》，詩云：「陰霾四布眼模糊，是否幽明已異途？天地只今真逆旅，居諸何處是桑榆。生能抗敵非文弱，死不驚人豈丈夫。此去羞從子胥祖，國門恨未繫頭顱。」英租九龍時，星池與鄧儀石等起兵抗拒，被英兵捕去，初定縊首之刑，旋改終身監禁，卒之羈押英牢者十四年。至是時始釋出，年七十餘矣。其妻意星池必無出獄之日，早已爲之立後。星池既出，匿迹銷聲，故知者甚少。予與重光兒亟往元朗訪之，備聆當日情形，益重其爲人。贈以聯云：「每感雞聲思舞劍，只餘螳臂起當車。」並命重光兒詳記其事，亦欲後之過元朗者不忘其人其事也。重光兒記新界之戰一文載《寶安縣志》。《寶安縣志》今尚未出版。照錄於後，文云：

新界之戰，以鄉民而抵抗英軍，雖至可笑，實則至可嘉。余久有所聞，而未得其詳，壬申（1932）十月訪得一二。亟記之。

先是，香港議政局議員韋寶山知英索展拓香港界址，與李玉衡合設麗生置業公司於香港。使吳瑞生往元朗、屯門一帶，無論荒山曠野，廢園空地，一律高價購取。甚至舊契契尾，亦悉數搜羅。鄉人頗疑之，然莫名其妙也。及香港華民政務司駱檄至元朗一帶勘地，寶山等預囑鄉人鼓樂燃炮竹歡迎之，始得其實。鄉人大憤，尤以錦田諸紳為烈。於其至也，閉柵嚴拒，如臨大敵。駱不得入。

乃由駐廣州英領事照會兩廣總督，指明主謀者廩生鄧惠麟、增生伍其昌、生員鄧覺林、武生鄧錫祺等，飛檄新安縣（今寶安縣）查究。寶山等賄買鄉老，冒充諸紳，同詣華民署認罪。鄉人益憤，共起而設總局於元朗；各局於各鄉，按糧七丁三，籌款購械，力圖抵抗。而英人已定光緒二十五年（1899）三月初八日為交割之期，預在鹽洲蓋棚駐警，使鄧某回鄉張貼安民告示。鄧菁士憤其所為，拘回總局，處以死刑。初三日香港警司長梅軒利親到指揮。鄉人怒罵，愈聚愈眾，毀其棚。梅乘間遁。初五日率英兵進至水頭坜之山窩。初六晨駐紮松樹腦之林洞村，鄉團遙望見之，放槍攻擊。英兵也放槍向北方魚角山攻擊，鄉團不爲動。次向東南方山堂攻擊，亦不動。轉向松樹腦攻擊，仍不動。正相持間，忽有英艦在大埔滘炮攻松樹腦，中石，石輒開花。鄉團始相驚愕，潛向僻路退。初七日英兵追至三度坑，被元朗洞鄉團截擊於八鄉凹，受創至巨，不敢窮追，各鄉團因得從容四散。初八日界外黃岡、雁田、沙頭、深圳等鄉鄉團紛到助戰，揚旗擊鼓，向八鄉前進。血戰竟日，卒不能支。鄉人見力盡援絕，相率奔逃。南北兩約，爲之一空。

初十日英兵移紮屏山，到元朗，焚總局及其昌之祖堂；到廈村，焚惠麟之住宅；到錦田，取吉慶、泰康兩圍之鐵門，獻於英京。連日按戶嚴搜槍械及曾抵抗者。於是菁士等逃匿於省城（廣州市）之河南，無復有敢言抵抗者。而麗生公司大功告成矣。其後有牧師某謂菁士等爲國際犯，可無慮，因帶之投案。港官則謂菁士謀殺族人，罪至死。遂與執行死刑之張田並受縲首之刑。其昌幸得不死，而羈押英牢者十四年，今鬚髮皤然，垂垂老矣。其昌，元朗人。菁士，廈村人。張田，則深圳之向西人而受雇於元朗總局者也。八鄉凹之截擊，以張田爲最勇，擊斃印兵亦最多云。

既而又得惠麟感遇詩六首。有序云：

光緒己亥（1899）英割九龍，余與伍星池、鄧菁士等憤土地之失，辱及國家，糾合鄉民，屢戰不克，菁士受戮，星池被囚；余屋也毀，遂挈眷遷居邑之西鄉。賦此以志慨：

時方多難客登樓，安得名賢蒞九州。羊石未隨塵劫換，虎門誰作保障留。越臺有主終朝漢，庾嶺無王復霸劉。極目鄉關何處是，茫茫東去海雲浮。

也知一木久難支，忠憤催人強出師。畫界督臣輕土宇，遮河父老哭旌旗。祖生空負中流誓，庾信能無故國悲。太息衣冠文物地，一朝瓦解屬番夷。

宋代來居八百秋，怎知樂土反成愁。焚巢已被情奚服，省墓難通淚更流。投筆有懷誰假柄，請纓無力自含羞。只今剩有青囊在，佩作尋龍五嶽游。

休談時事觸南蠻，遁迹江湖到此間。唾面昔賢能忍辱，保身如我盡投閑。西來紫氣開新里，東望烏雲失故山。滾滾狼烟何日淨？不堪回首九龍灣。

河山割裂劇堪悲，爲避蠻氛始徙岐。五馬有刑懲漢歹，九龍無界限英夷。內朝隱忍邦交重，外海侵凌國體卑。孰攬中原思李郭，二三豪杰好乘時。

城門失火楚亡猿，荊棘移栽禍子孫。通敵未聲徐海罪，降邊誰道李陵冤。芝蘭隱谷香猶在，松柏凌霜節尚存。寄語胡兒休怨悔，主憂臣辱古今言。

惠麟，字儀石。戰敗得脫，遷居西鄉。星池，則其昌字也。

三、鄭焯南獨具慧眼鑒別古磁

寶安縣西鄉人鄭焯南以户部郎中於清季入京，精鑒賞，尤精於古磁。京中古董業聚於琉璃廠，如有疑難，輒取決於廠商。廠商亦不能決定，則取決於焯南。焯南在當時，甚有權威，古磁價值，往往以其一言而定。民國元年（1912），其子稚南爲廣東省議會代議士，同學曾建榮助之。予因建榮識稚南。翌年予入京，稚南介紹予見焯南。予留京時見焯南有足紀者兩事：

（一）一日，焯南匆匆向人借大洋 600 元，將以買一花樽。既不可得，則在外國銀行揭款買之。喜不自勝，約人至其家賞玩。予亦隨往。則一古香古色之醉紅花樽也，高不過數寸。予本門外漢，志在開眼界，亦不解此樽何以值得如此高價。一星期後，予再見焯南，則已賣矣，得價 7000 元。除去本息，計獲純利十倍。自言此樽可賣萬元，因有急需，貶值三千云。

（二）沈太侔有一水底，放在案上已十餘年，焯南見之，謂此難得之物，何爲輕視若此？太侔謂此是先人所遺，固不知其價也。焯南謂以時價論，可值千元以上。太侔聞言，即珍之重之，什襲而藏之。詎開櫃門時，水底竟墜於地，碎爲數塊。太侔不勝嘆息，謂真個千金一擲矣。焯南尤嘆息不置，爲之撿拾碎片，取紙包之，珍重攜歸，語太侔云："尚可爲你謀一醉。"過十餘天，焯南送太伴五百元。謂水底碎片，經已賣去，今以純利送你。並謂攜碎片歸，爲之設計，用銀片裹之，改作陳列桌上之烟灰碟。按其裂痕，畫梅花一枝，復以銀爲梅，掩其裂痕，而露出碎片，便覺古雅可愛，得未曾有。西人見之，不忍釋手，即以 600 元成交。除工本外，尚餘此數云。

予出京後，聞焯南大宴知交，酒闌，自言明午將死，即此話別。案上古磁，請各擇一件，攜歸留念。翌晚又復請飲。則謂今午不死，來日方長，且共慶幸。顧一醉不醒，至深夜十二時而絶云。

四、譚荔垣手不如口，譚次仲口不如手

廣東人之演講，向來只是講書、講古、講佛、講耶穌、講聖諭五種而已。至於演說，則光緒末年始有之。其時有志之士，多出而演說，或政治問題，或經濟問題，或文化問題，或宗教問題，或種族問題，各有所發揮，但因爲不慣登壇，往往不能暢所欲言，甚至有預爲演說辭，照讀一過，亦訥訥不能出諸口。光緒二十八年（1902），時敏學堂創辦演說會。每逢星期日，請名流到堂演說，而演說之風始開。自是而十二三歲小學生亦能當群衆面前娓娓談天下矣。

計當時到堂演說之名流，先後不下百人，其中最爲動聽者，首推南海譚荔垣。荔垣登壇演說，講到淋漓痛

快時，往往放聲大哭，不能自已。而聽者皆爲之淚下，感激涕零，忘懷一切，慨然興起，雖赴湯蹈火，亦如其言以從。及讀翌日各報登載他親筆寫出來之演說詞，則平平無奇，並不能令人興奮。蓋其演說時，抑揚頓挫，手舞足蹈，五官並用，聲淚俱下，故能感人如是其深也。

其子次仲，宣統三年（1911）在兩廣方言學堂畢業後，即棄去新學，而專研究中醫，造詣甚深，見聞也博，對於西醫，又能吸其精華，以爲己用。顧口吶，與荔垣大異，不惟不能演說，並且不能解答，有所解答，聽者都茫然不知所謂。惟執筆爲文，則極其暢快，所言醫理，入深出顯，無格格不吐之談。讀之者無不豁然貫通，津津有味。其學愈進，其言愈明，舍短取長，乃謝絕門診及面問，而將全副精神，用於寫作及批評，創爲函授中醫。凡得其講義及批答者，皆能學成致用。

次仲之函授中醫，爲中醫開一新面貌，而其醫業，乃遠不如所函授之弟子。故人謂荔垣手不如口爲一奇事，次仲口不如手又一奇事；荔垣手不如口，而次仲口不如手，兩父子適得其反，更一奇之又奇之事云。

五、陳伯興爲國家而助林雲陔不是爲朋友

學堂學生轉爲華僑者，在前清時，以兩廣方言學堂爲最多。方言學堂中又以英乙班爲最多且最著。陳伯興以一人之力買受廣州西堤愛群大廈，而實未嘗到過，亦

未嘗見過。投如此巨資，而視若等閒，行所無事，其力何如，可以想見。

　　陳於光緒三十二年（1906）以陳卓群姓名考入方言學堂肄業，編在英乙班，與吳紹東同檯。吳家在河南，每晨飽餐過海，暮乃歸食，午餐時獨留教室內，伏案午睡，不復用膳。陳既知之，邀吳同食，習以爲常。其明年陳赴美經商。吳以詩送行。有句云："絲絲楊柳絲絲恨，寸寸山河寸寸金。"又明年吳去世。予爲吳編刊《味莊騷齋遺稿》，遍求此詩全文不得，曾記此兩句於跋中。

　　其後林雲陔因國民黨失敗，以公費赴美留學。旋爲軍閥所知，斷其公費。林流落不能歸。趙鼎榮爲言於陳。陳慨然擔任供給一切費用，林得畢其業。林回國，任廣州市市長。趙代表華僑入京開會，過港聞之，到廣州訪林於市政府。林適有事，派秘書代見。趙拂衣去。到轓軒（方言同學會）言於各同學，即回港，候船往滬。各同學自此無往見林者。林使人赴港贈趙 3000 元。趙不受，寄語林："好好栽培同學。"林自是對同學比前殷勤，而各同學則自是絕少往見。民國二十三年（1934）林任廣東省政府主席兼廣東建設廳廳長，力薦何啓灃掌廣東建設廳，亦以此云。趙回美，言於陳。陳謂予之助林，是爲國家，而不是爲朋友也。但陳之言雖然如此，而其爲人，遇人有困難，無論何國人，皆慷慨資助，無或稍吝。羅華彬在美留學，亦斷絕公費，陳亦資助之。羅未及回國而客死，爲之殮葬者，亦陳也。李鬱文由美回來，爲予言之如此。

陳、吳、林、趙、羅皆英乙同班，而何則英甲班同學也。

六、梁德博遇着老虎就不能不打

廣州東門外百子岡（即今百子路一帶）青冢纍纍，約萬餘穴，多爲明、清以來無主孤魂所寄。民國二年（1913），梁德博任廣東官產處處長，將出示開投。其母郭氏聞之，囑德博勿爾。德博順母意，即具呈總處立案，永不開投。而其地爲江霞公（江孔殷）所覬覦，正欲得之以建別墅，與德博商。德博以呈准永不開投未便翻案對。霞公恃是世交長輩，怒罵德博。德博不理，霞公益怒，嗾兩廣巡閱使龍濟光以官威逼德博。德博答以不忍掘萬餘墳墓以供一人之享樂，轉得濟光同情。霞公不得逞，親赴香港，找德博之叔父震東，謂德博年少荒唐，既不遵世伯之言，又不聽長官之令，請以家法飭德博照辦。震東素重德博，轉函詢之。德博亦即搭車赴港，面陳一切。震東又同意德博之不開投。函復霞公謂："前承枉駕囑件，已去函飭舍侄來港，面詢一切。知此案已奉大總統府統率辦事處批准立案永不開投。弟辭官歸國，不欲與聞政事，且舍侄所掌管之職務，係直接大總統府，雖巡閱使亦無權干涉，弟未便以家叔地位而強迫其推翻已批准立案之案。特此奉覆。方命之愆，尚希見諒。"霞公老羞成怒，又用粤紳名義電統率辦事處及財政部，謂德博有可變賣之地而不開投，其中必有不可告人之隱，應請查辦。

先是，震東與濟光換帖，交情甚摯，德博借其交情，遇有軍隊佔據之地產，面告濟光，即令軍隊遷出。故德博之辦理官產，成績卓著，爲統率辦事處所賞識。而財政部總長周自齊是震東一手提拔之人，又是親家。至是雖函電紛馳，均置之不理。霞公怒極，逢人便罵德博以泄憤。一日，兩人相值於某處，霞公拍檯大罵。德博初尚隱忍不答。既而，愈罵愈狂。德博忍無可忍，即云："太史電請查辦，而處、部均不理，可知此事之是非曲直。至破口罵人，是下流之所爲，難怪太史不敢以下流到保和殿復試矣。"德博知霞公點翰，係由槍替，故當面奚落之。霞公乃更辱罵，至出不堪入耳之言。德博見霞公如狂犬之吠，不可以理喻，即呼跟僕："命衛隊進來！"不數分鐘，即有高大強壯之北方大漢二人，帶同攜有最新式槍支者四人進前立正，問："處長有何吩示？"德博指霞公而語之云："此人是劣紳江孔殷，無惡不作，有'河南老虎'之綽號。他因不能如願取得百子岡地，冒用粤紳名義，向總處控我。而雷上將軍不理。他因此逢人便罵我。我奉雷上將軍命辦事。而他因公事罵我，是罵我即罵雷上將軍也。你等認之，以後無論在何處，如聞他罵我，即可用重力掌摑其嘴巴，雖打至甩牙，亦有我負責與他到京打官司去，與你等無干。你等係直接受大總統府統率辦事處統轄，廣州地方官無權干涉。但要認清楚，不可打錯別人。"兩隊長答云："已認清楚，不會錯誤。"德博又對霞公云："太史，你尚敢罵我否？你雖有老虎之名，但我是初生小犢，偏不畏虎。今日且當眾拆穿你是紙扎者。"即令衛隊云："我等走罷。"四人先行，德博在中，兩隊長隨後保護之而去。兩隊長均挾絕技，一用雙軟鞭，一用手鏢八枚，能於百步外中人要害，而外面著長闊之衣服，不使人見，總處特派充德博衛隊長，以防不測。

而德博從不與人爭閒氣，此次拆穿霞公之紙扎老虎，予嘗問德博當時何以如此好火氣，德博答謂既遇着老虎，就不能不打，實與火氣無關云。所謂雷上將軍，即雷震春也。

七、楊永泰、岑仲勉失敗後各走極端

光緒三十一年（1905）秋，予考入兩廣游學預備科館肄業，共取錄 180 人，分爲第一、第二、第三班。而宿舍則分剛、健、篤、實、光、輝六齋。每齋又分第一、第二、第三、第四、第五五房。每房住六人，第一班二人住 1、2 號床位，第二班二人則住 3、4 號，第三班二人則住 5、6 號。予住健字齋第三房 5 號。其 1 號則岑仲勉也（原名汝懋，後改銘恕，最後以字行）。仲勉與光字齋第五房 1 號楊永泰是高等學堂同學。予與光字齋第五房 5 號楊子毅是時敏同學。課暇往還，因而四人漸亦相稔。其明年夏，兩廣總督岑春煊因將該館專款挪移作軍費，擬將該館與譯學館裁併爲兩廣方言學堂，學生與之力爭，暑假一去，遂不復返矣。

後予入京，在東安市場遇仲勉及永泰，握手道故，並問予以何因緣來京，予答以應考縣知事。永泰謂："百里侯何足道哉！吾人當存'舜何人也，予何人也，有爲者亦若是'之志。如果拘拘於一官半職，則餓死老婆熏臭屋矣。"復暢言巧取豪奪之法。予始如夢初醒。

1954 年重晤仲勉於中山大學，談及此事，歷歷如在目前，而永泰已被刺死多年矣，子毅亦瘐死多年矣。予感於兩楊與予因不能脫離政治，以致身敗名裂。而仲勉獨能於永泰卸任廣東省長之後，臨崖勒馬，折節讀書，永泰任湖北省長時屢邀之亦不顧，而以著述自娛，成爲近世一大歷史學家。賦詩贈之云："臨崖勒馬仰陶淵，三徑歸來正妙年。未許名山沉宦海，却從絕地出生天。建安遺範嘉州守，莊子吾心玉局仙。柱下記曾同問禮，望塵深悔不爲先。"予不能爲政客，又不能爲學者，今巋然獨存，真不堪回首也。

八、何啓澧一生都是爲人作馬牛

凡事之成敗，必有其特別原因，並無偶然而然者。

所謂偶然而然者，是直不察耳。苟細心察之，便得其真相矣。何啓澧在兩廣方言學堂畢業，復在北京大學法科專習法律，肄業四年，爲期將滿，預備畢業論文。其論文係研究刑事政策，關於此問題之書籍，無論東西洋人著述，何皆購而讀之，思而辨之。其所徵引，多爲圖書館所未有。而其眼力，其心力，其筆力，又能別嫌而明微，由博而反約，深入而淺出，推陳而出新。一經提出，各教授皆震而驚之，自以爲弗如，即由大學爲之出版。

恰值第一屆高等法官考試，何報名應考，取錄第一名。校長蔡元培認何爲刑事政策專家，聘充法科教授。何於是以暑假前之學生，一躍而爲暑假後之教授。爾時，學生之叫囂，至爲猖獗，但何竟能上場，而且上場之後，鴉雀無聲，寂然不動，各學生皆心悅誠服，無有非議之者。

人皆以爲何之畢業論文已足以服人，而其考試成績爲全國第一，又先聲奪人之所致。以予所聞，則此兩點皆爲表面之事，而其內幕，則當時有人欲取蔡而代之，蔡思團結學生以相抗，故造成此局，使學生皆知有出頭之機會，而團結更爲有力。果然謀此席位者見學生與蔡如此團結，遂不敢貿貿然蒙面而來。蔡之計策第一步既已行通，則又進而行第二步。孫中山開府廣州，蔡極力推薦，何又以教授一躍而爲法制編纂委員會委員，與林雲陔等同事。林與何原係兩廣方言學堂同學，至是親上加親，又多一重新關係。

民國二十三年（1934），林任廣東省政府主席兼廣東建設廳廳長，力薦何掌廣東建設廳。表現上似是招呼同學，而內幕則元老派與太子派暗鬥，而利用何以爲緩衝。於是何又以法制編纂委員一躍而爲廣東建設廳廳長。

何嘗自謂一生都是爲人作馬牛。但何若不肯爲人作馬牛，則必不能做到廣東建設廳廳長。而林之廣東政府主席，蔡之北京大學校校長，何莫非人之馬牛？若不是人之馬牛，則真是偶然而然者矣。

九、王樹登壇拜將一軍皆驚

民國間（1912—1939）廣東省先後舉行過考試凡數次：

（一）財政員考試。民國元年（1912）廖仲愷爲廣東財政司司長，舉行財政員考試。取錄數十名，皆派充各縣財政員。時兩廣方言學堂之學生剛剛畢業，未有出路，而財政爲其專修之一科，故多數報名應考。而取錄者也最多，約占百分之九十。

（二）稅務專員考試。民國二年（1913）舉行。廣東財政廳主辦，亦取錄數十名，派充各縣稅務專員。亦以方言畢業生爲多。誰爲廳長，忘記其姓名矣。

（三）書記官考試。民國十二年（1923）葉恭綽爲大本營財政部部長，因病告假，由次長鄭洪年代理。舉行書記官考試，考取三名，俱派充本部書記官。

（四）書記考試。某年廣東財政廳舉行書記考試。其年份及廳長姓名，取錄人數，都已忘記。只記得馬武仲時爲財廳秘書，出而監場。題目是"擬某某檄"，也記不清楚。應考者見題茫然，多不解，問諸馬。馬爲解釋，並聲明原文係駢體文，須用駢體文擬之。衆大驚，謂書記僅高於錄事一級，仍以鈔錄爲主要工作，間或兼辦例稿，用不着能起稿之人，更用不着能駢文之人也，請試他題。一時成爲笑話。

（五）縣長考試。廣東省政府主席陳銘樞舉行縣長考試，取錄十餘名，皆派充各縣縣長。備取幾名，聲言派充縣佐。但未有派出。

（六）縣佐考試。縣佐考試亦是陳銘樞主辦。考試時期，約後於縣長考試數天，也取錄數十名。尚未派出，而政局變化，縣佐制度，不能實現。取錄各員，徒擁虛名而已。

（七）書記考試。此次書記考試，與財政廳之書記考試不大相同，由"南天王"陳濟棠主試。第一名王樹，國民大學畢業生，由中德中學教員，一躍而爲總司令部少將秘書。時年不過三十，未嘗從軍，也未嘗從政，惟其試卷，不限駢體，而完全駢四儷六，故得南天王特達之知。霹靂一聲，出人意料，登壇拜將，一軍皆驚。時人又傳爲佳話。時在民國十七年（1938），予在新興重修縣志，全榜情形，只在日報略知一二，除此以外，都不復記憶。其明年，廣州淪陷，予在香港與盧子騏、江孔殷、楊玉銜、盧子駿、黎國廉、朱汝珍、陳平瑛、胡熊鍔、俞鼐、張國華、陳鳴談、鄭洪年、葉次周、葉恭綽、盧錐岳、葉翰華、黄佛頤、李景康、黄密弓、黄肇沂及王結"千春吟社"。以齒論，王爲最少。其後，王入内地，不久病死。以壽論，王又最短。

予於上列七次考試皆未嘗參加。惟第三次大本營財政部書記官考試，鄭代部長因事忙將試卷交楊廳長子毅代取，楊廳長又因事忙交予代取。予分爲光昌、乾淨兩組，照名額各取三名。而私意則屬於光昌一組。以爲其人之前程似較遠大，不必爲考書記官而取書記官也。楊以爲然，鄭也以爲然，乃取光昌一組廖毅卿第一，鄧偉謀第二，某（忘其姓字）第三。其後廖連任秘書科長亘二十餘年。鄧改任推事。惟某則入部數月，舊病復發，僅以書記官終。

十、林汝珩、汪屺之臨崖勒馬

民國三十三年（1944），汪精衛病死於日本醫院中，旋以飛機運其遺骸回南京，葬於梅花嶺。陳璧君率其子女及其親信由廣東飛南京送葬。事畢過滬轉飛廣州，將起航，却不見廣東教育廳廳長林汝珩及廣東警務處處長汪圯。遍尋不見，而起航時間已到，不能再待。歸廣州後，接林、汪兩人辭職電，乃知兩人實有意逃匿，璧君破口大罵兩人無用，即以陳良烈補廣東教育廳廳長兼廣東大學校長，郭衛民補廣東警務處處長兼廣州市公安局局長。南京如言發表任命。

兩人既去，廣州各要人以精衛已死，而陳公博代之，表面雖屬一系，但公博與璧君平時已有多少裂痕，此後難保其欣合無間。自是暗中將其眷屬及珍貴物品運往香港，時有所聞。迨民國三十四年（1945）八月十五日日本宣佈無條件投降，更大量搭兵艦或民船運去。璧君聞之，又破口大罵各人無用。已運去者，須即運回；未運去者，不準運去。各人不能不遵。至張發奎入廣州受降，遂將其一網打盡。而林、汪兩人獨逍遙法外，行所無事。人皆羨之，謂其智燭先機，臨崖勒馬，真非在粵各要人所能追及。

以予所聞，兩人臨崖勒馬，事誠有之。至於智燭先機，則未免過譽。兩人逃匿之最大原因，實在於璧君之善罵，兩人在滬時，嘗對人言之，人亦認爲兩人由衷之言也。璧君善罵，人皆知之，在粵時尤爲放肆，對於在粵各要人，直視同奴婢，出口便罵。若心中有不如意之事，則藉以泄氣，呶呶不止。各要人素苦之，固不僅林、汪兩人。惟林、汪兩人能及時跳出火坑，爲其過人之處。精衛既死，公博當權，而璧君與公博平時已有齟齬，則此後情形，當不免有所變化，甚至於樹倒猢猻散，自在意中。林、汪兩人乘機辭職，實以此故。當時並不知日軍之鍛羽一至於此，更不知蔣之翻臉又一至於此云。

附　録

鄔氏家族傳記二種

鄔蘷颺（子啟祚，孫寶理、寶珍）

鄔蘷颺，字佐勳，號諧石，南村人。始祖大昕，宋廣州僉判，開鹿步滘以便民。詳見《官師志》。五傳至宣義郎蕭，遷居番禺南山鄉。二十一傳曰鳴謙，家始大鳴。謙饒於資，好施與，尤篤宗族。嘗修築歷代祠墓，積置嘗業，復建義祠，奉六世以下族之無後者。

蘷颺席先業，益以繼述爲事，於先代祠墓規建益完整。值歲饑，自完族貧乏，逮於鄰境，咸傾貲以濟，無吝色。而籌禦英夷、紅匪亂事，尤爲世所稱頌。

道光二十一年，英夷内侵，蘷颺前十年即集社議，廣積公項，爲禦侮計。迨亂作，藉其貲團練鄉勇，瀕海居民賴以安堵，尤具遠識。咸豐四年，紅匪之亂，伏莽四布。蘷颺倡議，合大籬圍各社團練以足兵，設穀埠於

249

新造墟以足食，格於異議，不果行。閱數月，賊果蠭起，鄉人心大恐，加以海道不通，米價騰踊。夔颺先捐資買穀平糶，以靖人心，再捐資合社團練，而人心愈固。逆匪騷擾半年，各處多爲賊據，東山一社藉以保全。又念省會久爲賊困，陰遣心腹走報太吏請進兵，從東山社登岸，可以得力。又豫命子弟督壯勇爲鄉導兵。至日內外夾攻，數十萬之賊一鼓蕩平。嗣後官軍克平廣州諸路賊，俱如摧枯振槁。社紳李光廷謂：平通省之賊，由平沙茭之賊先聲奪人；而平沙茭之賊，又由夔颺之壯勇衝鋒陷陣，故成功倍捷。人皆以爲確論。夔颺迭次捐貲練勇，助餉平賊，凡四萬金。大吏陳請。獎叙有差。年七十二卒。

子啟祚，字繼蕃，號吉人。事父母孝，事兄恭且摯，復能親睦族衆。族分兩大房，啟祚以春秋祭饗，兩房各爲分祀，子姓不相會合，則情隔而誼薄。乃與族人謀建大宗祠，而自墊巨款，以爲之倡。又以歲久，不知始祖大昕墓所在，乃躬走河源，訪得之於永安縣屬塘尾山。自是兩房知重其祖所自出，益敦敬愛。啟祚更擴而充之，族中老而貧者，歲暮各餽果金。并建南山方便所，遠近貧而病者咸賴焉。鄉中有蓼水通珠江，沙淤水淺，啟祚力爲疏瀹，舟行無滯。其南路爲諸鄉通衢，每雨潦，人多失足，倡修鋪石，遂成坦途。至於賑饑、周急、助葬、團練、興學諸善舉，皆勉行不倦。平日讀書，深明於天下一家之理，不爲邪説所惑。嘗訓子孫曰："凡事對得祖宗，乃可爲人。"又曰："不爲一二有益於人之事，便無以對祖宗。"時喜吟詠，著有《耕雲別墅詩集》一卷、《詩話》一卷、《詩學要言》三卷。重逢花燭，一時賦詩稱祝者數十百人，傳爲佳話。宣統三年，年八十二卒。

啟祚子寶理，字宏莊，號達夫。性至孝好學，過目成誦，歿年僅十八，人多惜之。著《達庵隨筆》一卷。

寶珍，字道源，一字宏根。少游於陳澧之門，重義疏財，有父風。善吹洞簫，光緒十五年考取謄錄，籤分國史館，議叙鹽大使。著有《智因閣詩集》一卷，年三十五卒。子慶時，兩廣方言學堂畢業生；慶槃，廣東高等警察學堂畢業生。據李光廷撰《夔颺行狀》、程大璋撰《鄔公墓誌》、褚傳誥撰《鄔道源墓表》、袁祖光撰《綠天香雪簃詩話》、采訪册。

《番禺縣續志》（卷二十二）

鄔周氏

鄔周氏，新橋鄉周澧隆女，適南村鄔啟祚爲室。啟祚自有傳。氏仁孝慈惠，相夫教子，人無間言。自奉節儉，歲歉，慨捐白金三百振濟貧人。時奉文戒烟，復捐二百金以助善舉，世稱能知大義。年八十重逢花燭，傳爲佳話。據采訪册

《番禺縣續志》（卷二十五）

　　點校者按：以上兩篇係作者爲其曾祖父（含祖父、伯父、父親）、祖母所作傳記，原兩見於《南村草堂筆記》、《白桃花館雜憶》卷前，以其性質限於私人，今移錄於此。

白桃花館雜憶

白桃花館雜憶自序

　　癸亥五月二十一日，四女灼顔殤於廣州市青雲直街白桃花館。館即今聽雨樓也。爾時一破屋耳，余愛其便，移家焉。翌年而灼顔殤，余既誌其墓，後有所憶，輒執筆記之，題曰《白桃花館雜憶》。今白桃花館既已改建，而灼顔之墓亦因開闢馬路而遷葬於太和岡，回首當年，都成陳迹。馬子薪兄贈余詩云："聆君憶語意如何，況復秋來感慨多。策策西風入窗牖，那堪重讀蝶兒歌。"至是而不堪重讀者，固不僅蝶兒歌而已。然雖不堪重讀，而每一重讀，灼顔輒於余心目中報以一笑，余又安能已耶？既不自已，因並梓之。灼顔有知，其將永永含笑於九原也。

　　中華民國十四年清明日，鄔慶時識於廣州市聽雨樓

白桃花館雜憶①

灼顏之生，以丁巳五月，甫識人事而余入京。庚申五月，余由京回，灼顏方與其兄重光，姊灼華、灼新，戲於南村草堂。見余立輟，趨其母前。余前抱之，急極欲哭。其母示之曰：“此汝父也。”則投余懷而呼阿爹者三。余偶憶“兒童相見不相識，笑問客從何處來”之句，不覺朗誦之，灼顏不解，頻以爲問，余解釋之始已。

“阿爹生我”一語，爲灼顏之口頭禪。凡有問者，必以是答。自“仇孝”、“討父”之說起，而“父兮生我”云云，② 不可得聞久矣。不圖乃於灼顏得之。

凡余有言，灼顏無不聽從，雖哭泣亦立止。或問之曰：“誰愛汝？”必曰：“阿爹愛我。”“汝愛誰？”必曰：“我愛阿爹。”見余歸家，必趨余前，立余側，言余出門以後之所見。繼乃坐余膝，或邀其妹灼宜同坐，教之唱歌。余於公餘之暇，絕少出門，亦以此也。

---

① 原有“卷一”字樣，以無續作，今刪。

② “父兮生我”，語出《詩經·小雅·蓼莪》。

"飛飛飛，蝶兒飛，蝶兒飛好豔陽天。芳草地，粉花衣。趁東風，同着落紅歸。飛飛飛。"此灼顏最愛之歌也。當時聽之，覺秀麗無比。今日思之，又覺哀豔無比。

今春財政部設於廣雅書局，臣範堂與復禮女學及白桃花館成一三角形，皆近鄰也。時灼顏與其兩姊均在復禮肄業，每下午課，輒聯袂入部同余退食。兩姊先行，灼顏一手執書包，一手執余手，循橋而歸，曼聲低唱，大有舞雩三三兩兩之樂。曾幾何時，已成陳迹，不惟灼顏死去，復禮女學亦半途停辦，而財政部又遷入財政廳內辦公矣。每一散步，爲之惘然。

官産處擬將復禮校址投變，各學生聯同請願，以灼顏齒稚不使行。灼顏引以爲憾，請於母，俟諸途見兩姊過，隨之行數十武，若甚得意者。迨其歸亦如之。復禮因是停課，兩姊以久別祖母，乘暇回鄉。灼顏固請同行，遂以五月初三日回鄉。十二日返省，返省三日而病作。

灼顏返省時，余已入部。及余散值，灼顏於懷中出葡萄數顆，與余曰："阿爹，家中葡萄結實纍纍，余見之甚歡喜，知阿爹亦必甚歡喜也。龍珠果亦結實矣，但未黃，故未摘耳。""來日綺窗前，寒梅著花未？"灼顏真先得我心也。

家園荔熟，母親以糯米餈寄余。① 灼顏臥病在牀，聞之喜甚，强起擇其尤者五顆，留以待病愈。時五月十七日也。後數日，凌孟徵先生寄余詩云："天香分得白蓮池，入世群呼糯米餈。時局如斯應爾爾，交情反是要偲偲。丹砂勾漏超塵劫，火色新豐挺異姿。無限夕陽烘望眼，名園耕養觸遐思。"因憶灼顏所留，尋而得之，則色香味俱變矣。人琴俱空，奈何奈何！

余奉薦任爲財政部科長，各報登載之日，即灼顏長逝之日也。有來賀者，欲哭不得，心益傷已。

己酉六月余得一男，十四日而殤。余爲詩哭之，有句云："今夢如何非昨夢，有緣卻又似無緣。"頗爲程子良先生所稱許。今則不能成詩矣。學退歟？心碎歟？余不自知。余惟願今後不復有此等文字耳。

點校者按：此篇係作者憶念其亡女之作，以其性質限於私人，今移録於此。

---

① 糯米餈，今作糯米糍，荔枝品種。